はじめに

　3歳から小学6年生までを対象にした食育スクール「青空キッチン」を運営している日本キッズ食育協会の代表をしています、榊原理加です。

　「青空キッチン」の食育は、「食べ物や栄養」について子どもたちに直接話して「教える」のではなく、楽しく、おいしく体験し、当たり前の感覚として食への関心を高められるよう促していきます。みんなで協力したり、自分で主体的に動いたり、食の安全性を考えたりすることで、社会性や自立心などを養います。さらにレシピを読んだり、等分や分数、人数分を計算し、郷土料理や行事、外国の食を学び、実験観察を行うという学習要素も取り入れて、食育を通して、さまざまなことに興味をもってもらうことも目的としています。

　生徒さんたちは、楽しかった、美味しかった経験から、家族にも食べさせてあげたいなという気持ちで実践してくれています。保護者さまからは、「今日はこんなふうにお手伝いしてくれました！」「1人で作ってくれ、家族もびっくりしていました！」「自分に自信がついたようです！」など、嬉しいお声を全国からたくさんいただいています。

　私も3人の男の子がいて、もともとは、どうやったらこの子たちと一緒にキッチンに立てるかなと考えたことがきっかけで、始めた食育の仕事です。小学生になり野球を始め、上の子が高学年の頃には「スポーツ栄養」や「ジュニアアスリート」という言葉を聞くようになり、いろいろ調べたり、勉強しました。が、はっきりと「子ども向け」というものがなかったため、それなら子ども専門の食育を提供している日本キッズ食育協会で扱いたいと思っていた頃に、医師であり、協会のキッズ食育マスタートレーナーでもある羽山涼子先生が「作りましょう！」と言ってくれてできたのが、「スポーツキッズ食育」のコンテンツです。協会では、スポーツキッズの食習慣セミナーや、成長期について、メンタルについて、好き嫌いについてなど、セミナーも開催しています。セミナーを受講したみなさんからは、「子ども向けのスポーツの食についてもっと知りたい！」と好評のお声をたくさんいただいています。SNSからのお問い合わせも多く、そうした声に応えようと思ったのが、本書を出版する動機です。

　私たちの食育レッスンを受けてくれた生徒さんは、青空キッチン・イベント等のレッスンを含め、これまでに数万人以上になりますが、たくさんのスポーツの習いごとをしているお子さんがいましたので、今回のレシピ本はそんなスポーツをする子どもたち《スポーツキッズ》に特に食べてほしいレシピを紹介しています。

　この本を手にとってくださった方々が、「食」を通してスポーツをするお子さんのサポートの参考にしていただけたら幸いです。

2024年9月
一般社団法人日本キッズ食育協会　代表理事
榊原理加

お子さんの食習慣を チェックしてみましょう

　お子さんの食習慣について、当てはまるものをチェックしてみてください。

　左側の質問項目に対して、「1」のついた項目は、「2」になるように少しずつ改善に取り組み、「2」の項目は「3」になるように食生活の改善を強化して行ってください。

　まずは、お子さんの食習慣を知ることが重要です。今できていない項目があっても、がっかりすることはありません。そこを改善できるよう、この本のレシピやコラムを参考に、お子さんと食育に取り組んでみてくださいね。

食習慣セルフチェック表

項目	3	2	1
食事の時間が好き	大好き	まあまあ好き	好きではない
朝食を食べる習慣がある	毎日食べる	ときどき食べないことがある	ほとんど食べない
好き嫌いで食べられない食材がある	0〜1個	2〜4個	5個以上
バランスのよい食事がわかる	五大栄養素がわかる	三色食品群がわかる	わからない
肉・魚・卵・大豆製品を食べる習慣がある	どれもまんべんなく食べる	どれも食べられるが食べる頻度の低いものもある	食べられないものがある
主食はごはんを食べる	主食は基本的にごはんを食べる	ごはん以外の主食が1日に1食以上ある	ごはん以外のものを食べることのほうが多い
自分でおにぎりを作ることができる	できる	一緒に作ったことがある	作ったことがない
おやつの時間に補食を食べる[1]	喜んで食べる	しぶしぶ食べる	お菓子以外は受け入れない
お菓子は適切に食べることができる[2]	子ども自身が管理しても適切に食べられる	親が管理すれば適切に食べられる	適切に食べられないことがよくある
食事の1時間前、または後にお菓子を食べる	ない	ときどき	よく食べる
おやつの時間以外にジュースを飲む	ほとんど飲まない	ときどき飲む（週に1〜2回程度）	よく飲む（週に3回以上）
和菓子を食べる[3]	好き	食べられないことはない	食べない

※1「補食」とは、おにぎりやフルーツ、サンドイッチなど食事を補う栄養素が摂取できる食べ物を指します。
※2「お菓子を適切に食べる」とは、食事に影響しない時間帯に、年齢に合わせた適量を食べることを指します。
※3「和菓子」にはみたらし団子、カステラ、大福、どら焼き、まんじゅう、羊羹などが含まれます。

一般社団法人日本キッズ食育協会HP掲載

CONTENTS

はじめに —— 2
お子さんの食習慣をチェックしてみましょう —— 3
スポーツキッズ食育について
大事な「食べる力」6つのポイント —— 6
この本の見かた・使いかたガイド —— 8

| COLUMN 1 | キッズは「食トレ」ではなく「食育」を —— 10 |

第1章 まいにちの食事

- ガパオライス —— 12
- 鮭のちゃんちゃん焼き —— 13
- 鶏のおろし煮 —— 14
- ごちそうシーフードピラフ —— 15
- サラダチキン —— 16
- バンバンジーサラダ —— 17
- よだれどり —— 17
- クリームパスタ —— 18
- ちらし寿司 —— 19
- 野菜のポトフ —— 20
- チンジャオロース —— 21
- さばライスボウル —— 22
- ビビンパ丼 —— 22
- 豚のしょうが焼き —— 23
- さばそぼろ丼 —— 24
- あさりチーズチヂミ —— 25
- 手作りチャーシュー —— 26
- 手作りスープの白菜ラーメン —— 27
- みそラーメン —— 27
- ミネストローネ —— 28
- ぶりの照り焼き —— 28
- 親子丼 —— 29
- ひじきの炊き込みごはん —— 30
- カップで松風焼き —— 30
- ムースールー（キクラゲと卵の炒めもの）—— 31
- 夏野菜カレー —— 32
- 肉みそうどん —— 33
- きつねそば —— 33
- 冷やし中華（しょう油ダレ）—— 34
- 冷やし中華（ごまダレ）—— 34
- 焼きうどん —— 35

| COLUMN 2 | 子どもへの伝え方のコツ —— 36 |

第2章 ちょい足しおかず

- 厚揚げチリマヨ —— 38
- 肉みそ —— 38
- くずし豆腐 —— 39
- 豚バラねぎ —— 39
- 厚揚げ焼き —— 40
- トマトしらす —— 40
- メカジキ納豆みそ焼き —— 41
- 納豆腐グラタン —— 41
- 納豆ちくわ揚げ —— 42
- 油揚げピザ —— 42
- 納豆と長芋の磯辺揚げ —— 43
- 納豆ドレッシング —— 43
- 温野菜サラダ —— 44
- にんじんのひらひらサラダ —— 44
- 切り干し大根とキクラゲの炒め煮 —— 45
- ふりかけ —— 45

| COLUMN 3 | ジュニアプロテインは必要か —— 46 |

第3章 朝ごはん＆お弁当

- **朝食バリエーション1**
  和食朝ごはん —— 48
- **朝食バリエーション2**
  パン朝ごはん —— 49
- オレンジジャム —— 50
- キウイジャム —— 50
- ブルーベリージャム —— 50
- いちごジャム —— 50
- 黒ごまきな粉ラテ —— 51

- ブルーベリースムージー —— 51
- 小松菜バナナスムージー —— 51

| COLUMN 4 | ちょい足し栄養のススメ —— 52

- お弁当バリエーション1
  しょうが焼き弁当 —— 53
- お弁当バリエーション2
  オムライス弁当 —— 54
- ちくわのかんたん磯辺焼き —— 55
- にんじんグラッセ —— 55
- 炊き込みオムライス —— 55

| COLUMN 5 | パン派・麺派にも
食べてもらいたい白米 —— 56

第4章 スープ＆汁もの

- さつまいもと大豆のポタージュ —— 58
- ガスパチョ風スープ —— 59
- タラと野菜のカレースープ —— 60
- コーンチャウダー —— 61
- 豚汁 —— 62
- トマトと小松菜の卵とじみそ汁 —— 62
- トマトクリームスープ —— 63

| COLUMN 6 | 子どもの「食べる力」を養う —— 64

第5章 日常のおやつ

- 米粉ドーナツ —— 66
- 白玉みたらし団子 —— 67
- ツナマヨパン —— 68
- 2色カップゼリー —— 69
- 白玉ずんだ餅 —— 70
- フレンチトースト —— 71
- スイートポテト —— 72
- いもけんぴ —— 73
- フルーツビネガー —— 74
- すりおろしりんごのホットドリンク —— 75

- ヨーグルトドリンク —— 75

| COLUMN 7 | 力になる応援と
多様な選択肢の提案 —— 76

第6章 運動の合間の
エネルギー補給

- 野菜蒸しパン —— 78
- 鮭と青海苔のおにぎり —— 79
- 煮卵おにぎり —— 79
- おかかチーズおにぎり —— 79
- わかめとしらすのおにぎり —— 79
- 卵ツナおにぎらず —— 80
- さばみそ卵おにぎらず —— 81
- ポテトサンド —— 82
- じゃこトースト —— 82
- 月見バーガー —— 83

| COLUMN 8 | スポーツ食育は肩の力を抜き、
コミュニケーション感覚で —— 84

第7章 今後に向けた食事

- エネルギーバー —— 86
- レバーからあげ —— 87
- 砂肝炒め —— 88
- ブロッコリーとあさりの
  アヒージョ風炒め —— 89
- 納豆ガパオライス —— 90
- 納豆パスタ —— 90

おわりに —— 91
「スポーツキッズ 食育」について
もっと知りたい方へ —— 92
栄養スコアについて —— 93
主要素材で探すメニューリスト —— 94

この本を有効に使っていただくために最初に読んでくださいね

スポーツキッズ食育について 大事な「食べる力」6つのポイント

大人や中高生のアスリートと、スポーツキッズ（幼児・小学生）との大きな違いは、**これから成長する（身長が伸び、体重が増え、大人の体になる）子どもである**という点です。

何を食べたらいいのか、食べないほうがいいのか、いつ食べたらいいかなど、何か迷ったときには、「成長する子ども」であることを思い出してもらえたらと思います。

① 好き嫌いはキッズのうちに克服する

好き嫌いがあると、食べる量が減ってしまったり、栄養素が偏ってしまったりするかもしれません。中高生以上になったときには寮に入る子もいるかもしれません。寮の食事はバランスよくボリュームのあるものが出てきますので、そこでの食事にも対応できるようにもしておきたいです。

好き嫌いがあっても、幼児・児童期のうちは、周りの人が「おいしいね」といって食べる様子を見せたり、楽しい雰囲気にすることで食べられるようになることがよくあるので、一度「苦手だ」という様子が見られても、食卓に出し続けてくださいね。

② 食べている量を知る

食べるごはん（白米）の量をお子さんと一緒にはかってみてください。

大人の女性だと150gが最低量ですが、スポーツキッズの低学年は、それより多い180g〜200g強が目標です。高学年なら、220gから250gぐらいを目指し、競技によっては、もう少し多く食べる必要がある場合もあります（1合は約320g）。

③ 成長期について知る

お子さんの成長期に入るタイミングについてよく観察してみてください。

体の変化としてわかりやすいサインは、男の子だったら声変わり、女の子だったら初潮などがありますが、実はそれらは成長期の終わりのほうだそうです。もっと早い段階で察知したいので、ぜひ、身長と体重を毎月はかってみてください。柱や壁に印をつけ、伸び幅が急に大きくなるようならそれは成長期のサインです。成長期に入ると、成長するためのエネルギーがより多く必要になるので、成長期前よりもっとたくさん食べてほしいことになります。この時期に、エネルギー不足になることは避けたいので、身長・体重をはかる習慣もつけて、成長期を見逃さないようにしてくださいね。

④ 「体のおやつ」と「心のおやつ」があることを知る

食育スクールの青空キッチンでも生徒さんたちにお伝えしていることですが、おやつには甘いものやスナック菓子だけではなく、おにぎりやお好み焼き、芋類、パンや麺、ごはんのようなおやつ（補食）もあります。

体のエネルギーを補うおやつは毎日食べてほしい「体のおやつ」。甘いスイーツやジュース類は、ときどき食べて心を元気にする「心のおやつ」です。補食を上手に使って、エネルギー補給をしてくださいね。

⑤ 水分補給について知る

熱中症対策は、喉が渇いてから水分を摂るだけではなく、運動する前にも水分を摂ることが重要です。熱中症対策にはスポーツドリンク！　と思いがちですが練習中の水分補給のすべてをスポーツドリンクにする必要はありません。スポーツドリンクの成分表示を見ていただくと、糖分がかなり入っています。1L、2Lと飲めば、砂糖を100g近く食べたのと同じことになります。それだけの糖分を摂取してしまうと、満腹感が得られてしまい、運動後にお腹が空いていない状態＝ごはんが食べられない状態になります。熱中症対策として運動前に飲んだら、運動中は水やお茶を併用するように少しずつ変えてみてください。

⑥ プロテインとエネルギーゼリーには要注意

プロテイン（たんぱく質）は、必要な栄養素ではありますが、実は通常の食事にもかなり含まれているので、食事がしっかりと食べられている場合は、ほぼ足りないことがない栄養素です。食事に加えて、さらにプロテインを摂ることで過剰になると、子どもの小さい体に負担がかかってしまっている場合があります。少食だからプロテインを摂る、というのも考えものです。子どもたちは成長のために、ほかの栄養素も摂りたいので、プロテインだけを摂るのではなく、食事からいろいろな栄養素を摂れるようにしたいところです。また、エネルギーゼリーも糖質（カロリー）は摂れますが、ほかの栄養素がほとんど入っていません。エネルギーゼリーのせいで食事の量が減ってしまうことがないように気をつけてほしいです。

　これら6つのポイントを折に触れて思い出してもらって、子どもが「食べる力」をつけられるよう、本書でまとめているレシピを活用していただきたいと思います。

この本の見かた・使いかたガイド

栄養スコア
このメニューがスポーツキッズにどんな効果をもたらすのかをアイコンを使ってわかりやすく表示。特に1章、7章は★を使って詳しく表示。★の数が多いほど効果大（詳しい解説は右ページ参照）

ひと言コメント
このメニューの推しポイント

献立のヒント
このメニューと合わせるとバランスのよい食事になるアイデアを紹介

材料や作り方の決まりごと

- 計量単位は大さじ1は15ml。小さじ1は5mlです。
- 電子レンジの加熱時間は、600Wを基準にしています。500Wの場合は1.2倍、700Wの場合は0.8倍を目安に加減してください。機種によって多少差があります。
- 電子レンジで加熱する際は、付属の説明書に従って、高温に耐えられるガラスの皿やボウルなどを使用してください。
- オーブントースターの加熱時間は1000Wを基準にしています。
- 特に表記していない場合、オーブンは設定温度に予熱しておきます。焼き時間は機種や熱源によって多少差があります。レシピの時間を目安にして、様子を見て加減してください。
- にんにくやしょうがのすりおろし・みじん切りは市販のチューブの調味料を使用しても大丈夫です。目安はにんにく、しょうが共に1片＝チューブ2cmです。
- パスタは塩分1%のお湯でゆでてください。目安は1リットルに対して小さじ2です。
- お子様が料理するときは、必ず親御さんがそばについてサポートしてください。

栄養スコアのアイコンについて

体を作る（たんぱく質）
たんぱく質は筋肉や骨の成長に必要ですが、摂りすぎにも注意！「食べ物」から適量を摂るのがカギ。

骨を強くする（カルシウム）
カルシウムを骨に貯金できるのは高校生くらいまで！
ケガ予防のためにも、今のうちからたくさん貯めていこう

パフォーマンスを上げる（鉄）
鉄をしっかりとれていると、長時間の運動でも集中して元気にこなせる！
中高生になるとさらに必要量が増えるので、意識して摂るようにしよう

疲労回復（ビタミン）
「ビタミン」というと野菜や果物に多いイメージかもしれないけれど、肉に多いビタミン、豆に多いビタミンなど、いろいろな種類を摂るのが◎

エネルギー補給（糖質）
スポーツをするなら、エネルギー源となる糖質は必須！　特に米などの主食は、しっかり食べるようにしよう

kcal エネルギー（カロリー）
1日の必要エネルギーは5・6年生男女ともに2000キロカロリー以上。1日3食＋補食で賄えるように意識しよう

1日の必要エネルギー

成長期にはスポーツのエネルギー・成長のエネルギー・普段の生活エネルギーと3部門のエネルギーが必要です。身長を伸ばしたいときには、体重も増えるのが自然な流れなので、この時期にはエネルギーを減らさないようにしっかり食べよう。

●1日の必要エネルギー
　　高学年男子：2500〜3300kcal
　　高学年女子：2350〜3000kcal
※参照体位
　　男142.0cm, 35.6kg
　　女144.0cm, 36.3kg
　参照体位より体格が小さくても、スポーツを頑張るならこのエネルギー量を目指そう。参照体位より体格が大きい場合は、さらにプラスしてOK！

白米

栄養スコア
カロリー 336kcal
※200g

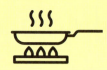

COLUMN 1
キッズは「食トレ」ではなく「食育」を

　子どもの時期にスポーツをやるうえで重要なことは、技術力や試合の勝ち負けや記録だけではないと思います。体力（体づくり）が必要ですし、それに、まだ成長期の子どもでもあります。体の成長とスポーツをするための両方の「エネルギーと栄養」が必要です。フィジカル面だけでなく、メンタル面でのサポートも重要だと考えています。

　この本が親や周りの大人（コーチのみなさん）に、子どもの身体的・心的発達段階や成長期について知っていただき、この時期の子どもたちに、どんなサポートができるのかを考えていただくきっかけになったらと思います。

　また本書では、レシピの各章の間に8つのコラムを掲載しています。それらには「食べることの大切さや栄養」だけでなく、スポーツキッズの「精神面のサポート」についてもまとめています。大人としての関わり方の参考にしていただけたらと思います。

　大人が「食べることが大事」「たくさん食べなさい」と話すだけでは、反抗期に差しかかろうとしている子どもたちには、素直に受け入れられないときも多々あります。そのため、私としては、子ども自身にも、食の大切さや、食べるタイミング、必要な栄養を理解してもらいたい。それがスポーツキッズ食育です。一緒に取り組むことで、親子のコミュニケーションにしてもらえたらと思っています。

　スポーツキッズをサポートすることは、負担に感じることもあるかもしれません。サポートしても、いい結果が得られることばかりではないときもありますが、子どもと一緒にスポーツに夢中になれる時間はあっという間に終わってしまいます。少年野球を始めた頃の私の息子たちが、今はもう上の子は高校生、下の子は6年生になっていて、年齢が上がるにつれ、サポートできることは「送迎」と「食」だけだなあと実感しています。

　子育てのいい面として、ある方が私に教えてくれました。「子どもをサポートすることは、自分が『子ども時代をもう一度経験できる』ことだよ」と。私は自分が子どもの頃はバスケットボールをやっていて、野球をすることはなかったですし、今から取り組むことはほぼできないのですが、子どもたちの話を聞いたり、応援に出向いたりすることで、自分がやっているような気持ちで楽しませてもらっています。まさに「子ども時代を二度体験」できていて、かけがえのない時間だなと思っています。ぜひ、子どもと一緒に取り組める時間を、食育も含めて楽しんでほしいと思います。

第 **1** 章

まいにちの食事

ガパオライス

材料 (1人分)

鶏ひき肉	60g
赤パプリカ	20g
黄パプリカ	20g
バジル	2枚
オイスターソース	小さじ1弱
塩・こしょう	各少々
サラダ油	小さじ1
ごはん	200g
目玉焼き	1枚

作り方

①赤パプリカ、黄パプリカは粗みじん切りにする。バジルは小さめにちぎる。
②フライパンにサラダ油・鶏ひき肉を入れ、中火で炒める。半分色が変わったら、赤パプリカ・黄パプリカを加え火を通す。
③バジル・オイスターソース・塩・こしょうを加え、全体を混ぜる。
④器にごはん、③を盛り、目玉焼きを添える。

牛乳を一緒に飲むとカルシウム星3つにUP!!

栄養スコア
- ★★★
- ★★
- ★★★
- ★★★

カロリー 577kcal

栄養スコア
カロリー **380kcal**

1 まいにちの食事

魚だけどみんな大好きな味
一度は試してほしい！

鮭のちゃんちゃん焼き

材料（1人分）

鮭	1切れ
玉ねぎ	20g
にんじん	20g
ピーマン	20g
合わせ調味料	
砂糖・しょう油	各小さじ1
酒・みそ・みりん	各小さじ2
にんにくのすりおろし	小さじ1/2
バター	10g

作り方

①玉ねぎは2cm幅のざく切り、ピーマンとにんじんは1cm幅の短冊切りにする。
②合わせ調味料をよく混ぜ合わせる。
③フライパンにバターと①を入れ中火にかけ、さっと炒めて鮭を入れる。②をかけて蓋をし、弱火にして8分蒸し焼きにする。

体を作る　骨を強くする　パフォーマンスを上げる　疲労回復　エネルギー補給

鶏のおろし煮

材料（1人分）

鶏もも肉	100g
大根	200g
しめじ	30g
ゆでにんじん	20g（5mm厚さ2枚）
小松菜	4本
塩・こしょう	各少々
片栗粉	小さじ2
ごま油	大さじ1
合わせ調味料	
おろししょうが	小さじ1/2
砂糖	小さじ1
酒・しょう油・みりん	各小さじ2
水	大さじ2

作り方

① ゆでにんじんは型で抜く。しめじは石づきをとり、ほぐす。大根はおろす。鶏もも肉はひと口大に切る。合わせ調味料は混ぜておく。
② 小松菜はさっとゆでて水気をきり、4cm長さに切る。
③ 鶏もも肉は塩・こしょうをふり、片栗粉をまぶす。フライパンに、ごま油をひいて焼く（中まで火を通さなくてよい）。
④ フライパンの余分な油を軽くふきとり、大根おろし・しめじ・合わせ調味料を入れ、中火で6分煮る。
⑤ 器に④を盛り、にんじんと小松菜を飾る。

> 大根おろしも一緒に煮ると甘くなるよ

栄養スコア
カロリー 444kcal

シーフードにも慣れよう！

ごちそうシーフードピラフ

材料（1人分）

米	100g
冷凍シーフードミックス	60g
にんじん	30g
玉ねぎ	30g
いんげん	1/2本
コーン（缶詰）	20g
合わせ調味料	
ターメリック	小さじ1/4
コンソメ（顆粒）	ふたつまみ
塩・こしょう	少々
水	100mℓ
サラダ油	小さじ2

作り方

① 米は30分浸漬し、ザルにあげる。合わせ調味料を混ぜ合わせる。にんじんと玉ねぎはみじん切り、いんげんは1cm幅に切る。
② フライパンにサラダ油をひき、にんじん・玉ねぎを中火で炒める。火が通ったら、米とシーフードミックスを入れ、全体を混ぜながら炒める。
③ 合わせ調味料を加え、いんげんとコーンを散らす。蓋をして、沸騰したら弱火にし、8分程度加熱して火を通す。
④ 火を止めて10分蒸らす。

献立のヒント：ガスパチョ風スープ（p59）、ミネストローネ（P28）

カロリー 520kcal

1 まいにちの食事

体を作る　骨を強くする　パフォーマンスを上げる　疲労回復　エネルギー補給

サラダチキン

材料（1人分）
- 鶏むね肉　1/2枚（100g）
- 塩　ふたつまみ

作り方
1. 鶏むね肉はフォークで刺し、塩をすりこむ。
2. 小鍋に鶏肉がかぶる程度の水を入れて沸騰させる。
3. ②に①を入れ、ひと煮立ちしたら火を止めて粗熱がとれるまで放置する。

献立のヒント　ひじきの炊き込みごはん（p30）、野菜のポトフ（p20）

高たんぱく低脂肪！のサラダチキン アレンジあれこれ

栄養スコア
- 🍖 ★★★
- 🦴
- 🍠 ★
- 💧

カロリー **146kcal**

> 小さなおかずで
> コツコツ栄養アップ！

バンバンジーサラダ

材料 （1人分）

ささみ	1本
きゅうり	40g
にんじん	30g
合わせ調味料	
白ねりごま	小さじ2
白すりごま	小さじ1
砂糖	小さじ1
しょう油	小さじ2
酢	小さじ1
鶏ガラスープの素	小さじ1/4
水	小さじ2

栄養スコア
- 体を作る ★★★
- 骨を強くする ★★
- パフォーマンスを上げる ★★
- 疲労回復 ★★

カロリー **182kcal**

作り方
①ささみはゆでて、ほぐす。きゅうりとにんじんはスライサーでスライスし、千切りにする。合わせ調味料は混ぜておく。
②皿にきゅうり・にんじん・ささみをのせ合わせ調味料をかける。

1 まいにちの食事

よだれどり

> カルシウムと鉄が豊富な
> ごまがたっぷりのタレと！

材料 （1人分）

サラダチキン（p16）	100g
合わせダレ	
白ねりごま	小さじ2
白すりごま	小さじ1
砂糖	小さじ1
しょう油	小さじ2
酢	小さじ1
鶏ガラスープの素	小さじ1/4
おろしにんにく	小さじ1/4
おろししょうが	小さじ1/4
水	小さじ2
アーモンド	6粒

栄養スコア
- 体を作る ★★★
- 骨を強くする ★★
- パフォーマンスを上げる ★★★
- 疲労回復 ★

カロリー **288kcal**

作り方
①合わせダレの材料を混ぜ、アーモンドは粗く刻む。
②サラダキチンをそぎ切りにする。
③器に②を盛り、①をかける。

体を作る　骨を強くする　パフォーマンスを上げる　疲労回復　エネルギー補給

クリームパスタ

材料（1人分）

スパゲティ	100g
にんじん	20g
ベーコン	1枚
マッシュルーム	2個
バター	10g
薄力粉	小さじ4
牛乳	300ml
コンソメ（顆粒）	小さじ1/2
塩・こしょう	各少々
パセリ	適量

作り方

① にんじん、ベーコンは1cm幅の短冊切り、マッシュルームは3mm厚さの薄切りにする。
② 鍋に湯を沸かし、1パーセントの塩を入れてスパゲティをゆでる。
③ フライパンにバターを入れ①を中火で炒める。火が通ったら弱火にし、薄力粉を入れて粉っぽさがなくなるまで炒め、牛乳を少しずつ加えなじませる。
④ コンソメを入れ、塩・こしょうで味をととのえ、②を加えて絡める。器に盛り、パセリをふる。

> サラダや、スープを添えるとバランス最高
> 骨を強くするカルシウムたっぷり！

栄養スコア
カロリー **785kcal**

お弁当にもいい スポーツキッズに
必要な栄養がしっかり摂れる！

ちらし寿司

材料（1人分）

ごはん	200g
合わせ酢	
酢	小さじ4
砂糖	小さじ1
塩	ふたつまみ
白ごま	小さじ4
鮭	1切れ
きゅうり	1/4本
ゆで卵	1個
刻み海苔	適量

作り方

① 合わせ酢をよく混ぜ溶かす。ごはんにふりかけて切るように混ぜ、さらに白ごまも加えて混ぜる。
② きゅうりは厚さ2mmの輪切りにし、ゆで卵は粗く刻む。
③ フライパンに鮭を入れ中火にかけてほぐしながら両面焼き、骨と皮を除く。
④ ①を器に盛り②と③をのせ、刻み海苔を飾る。

献立のヒント　くずし豆腐（p39）、豚汁（p62）

野菜のポトフ

材料（1人分）

鶏もも肉	40g
にんじん	30g
じゃがいも	30g
玉ねぎ	10g
ブロッコリー	30g
水	150ml
コンソメ（顆粒）	小さじ1/2
塩・こしょう	各少々

作り方

① 鶏もも肉はひと口大に切る。
② 玉ねぎは1センチ幅のくし形切り、にんじんは1センチ幅のいちょう切り、じゃがいもは8等分に切る（1.5センチ角程度）。ブロッコリーは小房に分ける。
③ 鍋に水を沸かし沸騰したらコンソメを入れ、鶏肉を煮る。
④ 鶏肉が白っぽくなったら、そのほかの野菜を入れる。
⑤ 野菜がやわらかくなるまで煮込む。塩・こしょうで味をととのえる。

これ1品でお肉も野菜も摂れるスープ パンかごはんを添えて！

栄養スコア
- ★★
- ★★
- ★★★

カロリー **133kcal**

栄養スコア
体を作る ★★
骨を強くする ★★
パフォーマンスを上げる ★★
疲労回復 ★★
エネルギー補給

カロリー **384kcal**

1 まいにちの食事

> 子どもたちが大好きな味つけ
> カラフルな見た目で食欲もアップ！

チンジャオロース

材料（1人分）

牛カルビ	60g
ピーマン	1個（約45g）
赤パプリカ	30g
たけのこ水煮	30g
合わせ調味料	
しょう油	小さじ1弱
酒	小さじ1
おろししょうが	小さじ1/4
オイスターソース	小さじ1
塩・こしょう	各少々
ごま油	小さじ2

作り方

①牛カルビは1cm幅に切り、合わせ調味料と混ぜ、下味をつける。野菜はすべて、繊維を断ち切る方向に5mm幅に切る。

②フライパンにごま油をひき、牛カルビを中火で炒め、肉の色が半分変わったら、野菜を加え炒める。

③すべてに火が通ったら、オイスターソース・塩・こしょうを加え、味をととのえる。

体を作る　骨を強くする　パフォーマンスを上げる　疲労回復　エネルギー補給

意外な美味しさ！
サバ缶の洋風アレンジ

さばライスボウル

材料（1人分）

さば水煮缶		60g
A	玉ねぎ	20g
	しめじ	20g
	にんじん	20g
	ほうれん草	4本
B	トマト缶	80g
	砂糖	小さじ1
	塩	少々
	コンソメ（顆粒）	ふたつまみ
バター		10g
ごはん		200g

作り方
① Aを、フードプロセッサーでみじん切りにする。
② フライパンにバターを溶かし、①を炒める。火が通ったら、さば水煮缶、Bを入れ、ほぐしながら水分が飛ぶまで炒める。
③ 器にごはんを盛り、②をかける。

栄養スコア
🍖 ★★★
🦴 ★★
🐟 ★★
🥚 ★★★
🥬 ★★★

カロリー **574kcal**

ビビンパ丼

1品でバランスよい優秀レシピ

材料（1人分）

牛肉		60g
塩・こしょう		各少々
A	ごま油	小さじ1
	にんにくのすりおろし	2片分
しょう油		小さじ2
にんじん（千切り）		40g
ごま油		小さじ2/3
鶏ガラスープの素		小さじ1/4
白すりごま		小さじ2/3
B	ゆで豆もやし	40g
	ごま油	小さじ2/3
	塩	少々
温泉卵		1個
サニーレタス（ひと口大にちぎる）		2枚
ごはん		200g

作り方
① 牛肉は塩・こしょうをふる。フライパンにAを入れ中火で熱し、にんにくの香りが立ったら牛肉を入れて両面焼く。最後にしょう油をまわしかけ、皿に取り出す。
② にんじんナムルをつくる。同じフライパンにごま油を中火で熱し、にんじんを炒め、鶏ガラスープの素、すりごまで味つけをする。
③ もやしナムルをつくる。ボウルにBを入れてあえる。
④ 器にごはんを盛り、サニーレタス、①、②、③、温泉卵をのせる。

栄養スコア
🍖 ★★★
🦴 ★
🐟 ★★★
🥚 ★★★
🥬 ★★★

カロリー **662kcal**

栄養スコア
カロリー **344kcal**

ごはんがすすむ！
お弁当のおかずにも👍

豚のしょうが焼き

材料（1人分）

豚ロース薄切り肉	80g
玉ねぎ	60g
合わせ調味料A	
｜しょうがすりおろし	小さじ1/2
｜酒	小さじ2
｜みりん	小さじ2
合わせ調味料B	
｜ケチャップ	小さじ2
｜しょう油	小さじ1
｜砂糖	ふたつまみ
ごま油	小さじ1
キャベツ	1枚

作り方

① 玉ねぎは繊維を断ち切る方向に薄切りにする。キャベツは千切りにする。
② 豚ロース薄切り肉は半分に切り、ペーパーで水分をとる。ビニール袋に入れ、合わせ調味料Aも入れてもむ。
③ フライパンにごま油をひいて中火にかけ、②の両面をさっと焼いて取り出す。同じフライパンに玉ねぎを入れ、蓋をして蒸し焼きにする。
④ 玉ねぎに火が通ったら、豚ロース薄切り肉と合わせ調味料Bを入れて、さっと混ぜ、再び蓋をしてからめる。

体を作る　骨を強くする　パフォーマンスを上げる　疲労回復　エネルギー補給

さばそぼろ丼

材料（1人分）

さば水煮缶	60g
合わせ調味料	
みりん	小さじ1
酒	小さじ1
すりおろししょうが	2g
砂糖	小さじ1/2
みそ	小さじ1/2
チンゲンサイ	2枚
ごはん	200g

作り方

① チンゲンサイはゆでて細切りにする。合わせ調味料は混ぜ合わせる。
② フライパンにさばの水煮缶を入れて菜箸でほぐす。合わせ調味料を加え中火にかけ、水気を飛ばしながら炒りつける。
③ 器にごはんを盛り、チンゲンサイと②を盛る。

> さば缶で骨も皮もまるごと食べられる！
> 常備してお弁当のご飯の上に

栄養スコア
- ★★★
- ★★★
- ★★
- ★
- ★★★

カロリー **486kcal**

栄養スコア
- 体を作る ★★
- 骨を強くする ★★
- パフォーマンスを上げる ★★★
- 疲労回復 ★★
- エネルギー補給 ★★

カロリー **505kcal**

1 まいにちの食事

> あさりとチーズで
> 鉄分・カルシウムが摂れる

あさりチーズチヂミ

材料（1人分）

ニラ	20g
にんじん	20g
長ねぎ（白い部分）	10g
A　冷凍あさり	80g
チーズ	20g
薄力粉	大さじ4
片栗粉	大さじ4
塩	ふたつまみ
水	100ml
つけダレ	
しょう油	小さじ2
酢	小さじ2
ごま油	小さじ4

作り方

① ニラは幅4cmのザク切りにし、にんじんは短冊切り、長ねぎはみじん切りにする。
② ボウルに①とAを入れてざっくりと混ぜ、水を少しずつ加えて混ぜる。
③ フライパンにごま油をひき、中火にかけ、温まったら②を広げ、片面3分ずつ焼く。
④ 食べやすい大きさに切り、器に盛る。つけダレを混ぜ、添える。

献立のヒント：タラと野菜のカレースープ（p60）、厚揚げチリマヨ（p38）

体を作る　骨を強くする　パフォーマンスを上げる　疲労回復　エネルギー補給

手作りチャーシュー

材料（1人分）

とんかつ用豚肉	1枚
合わせ調味料	
しょう油	小さじ2
みりん	小さじ2
酒	小さじ2
はちみつ	小さじ1
ごま油	小さじ1

作り方

①とんかつ用豚肉を軽くたたく。合わせ調味料を混ぜ合わせる。
②フライパンにごま油をひき中火にかけ、①を両面に焼き色が付くまで焼く。合わせ調味料を入れ、汁気がなくなるまで10分程度煮詰める。
③そぎ切りにする。

献立のヒント 白米（p9）、トマトと小松菜の卵とじみそ汁（p62）

> チャーシューも手作りすると脂質が抑えられる

カロリー **368kcal**

手作りスープの白菜ラーメン

「ラーメンスープも手作りできる!」

材料（1人分）

中華麺	1袋
白菜	80g
ごま油	小さじ4
スープ	
鶏ガラスープ	200ml
オイスターソース	小さじ1
しょう油	小さじ1/2
塩・こしょう	各少々
焼き海苔（全形の1/16のサイズ）	2枚
ハム	1枚

作り方
①白菜は1.5cm幅に切る。
②鍋にごま油をひき、中火にかけ白菜をさっと炒める。スープの材料を加えて温め、塩・こしょうで味をととのえる。
③別の鍋に湯（分量外）を沸かし、沸騰したら中華麺を入れて袋の表示時間どおりゆでる。
④③を湯きりして器に盛り、②を注いで焼き海苔、ハムを盛り付ける。

栄養スコア
- 体を作る ★★
- 骨を強くする ★
- パフォーマンスを上げる ★
- 疲労回復 ★
- エネルギー補給 ★★

カロリー **496kcal**

1 まいにちの食事

みそラーメン

「みそラーメンも手作りできる!
みそラーメンはさらに栄養アップ!」

材料（1人分）

中華麺	1袋
豚ひき肉	40g
もやし	20g
にんじん	20g
コーン	20g
キャベツ	20g
ごま油	小さじ1
スープ	
水	200ml
みそ	小さじ2
鶏ガラスープの素	小さじ1/2
しょう油	小さじ1/2

作り方
①にんじんは短冊切り、キャベツは2cm角に切る。
②手鍋にごま油をひき中火にかけ、豚ひき肉とにんじんをさっと炒める。豚ひき肉の色が変わったら、キャベツ・もやし・コーン・スープの材料を加え、ひと煮立ちしたら火を止める。
③別の鍋に湯を沸かし、中華麺を袋の表示時間どおりにゆで、湯きりする。
④器に③を盛り、②をかける。

栄養スコア
- 体を作る ★★★
- 骨を強くする ★
- パフォーマンスを上げる ★★
- 疲労回復 ★★
- エネルギー補給 ★★

カロリー **498kcal**

体を作る　骨を強くする　パフォーマンスを上げる　疲労回復　エネルギー補給

> 具だくさんスープ
> 疲れた体にビタミンたっぷり
> スープがしみわたる

ミネストローネ

材料（1人分）

トマト	1個
玉ねぎ	10g
にんじん	10g
じゃがいも	10g
ブロッコリー	10g
鶏もも肉	20g
オリーブオイル	小さじ1
にんにく	1/4片
コンソメスープ	200ml
砂糖・塩・こしょう	少々

作り方

①トマト、玉ねぎ、にんじん、じゃがいもは、1cmの角切りにする。ブロッコリーは、小さめの小房に分ける。鶏もも肉は、小さめのひと口大に切る。
②手鍋にオリーブオイルとにんにくを入れ、弱火にかける。にんにくの香りが立ったら、①を加え炒める。
③玉ねぎが透き通ってきたら、コンソメスープを入れ、火が通ったら、砂糖・塩・こしょうで味をととのえる。

栄養スコア
カロリー 142kcal

ぶりの照り焼き

> 色が濃い「血合い」は
> 鉄が豊富で特に食べてほしい

材料（1人分）

ぶり	1切れ
片栗粉	小さじ1
ごま油	小さじ1
合わせ調味料	
しょう油	小さじ1
みりん	小さじ1
酒	小さじ1
砂糖	小さじ1/2

作り方

①ぶりの水分をペーパータオルでふき取り、半分に切る。
②ポリ袋に①、片栗粉を入れ、袋に空気を入れてふくらませ、ふりながらからませる。
③フライパンにごま油を中火で熱し、②の両面に焼き色をつける。
④合わせ調味料を加え、煮立たせてぶりにからめる。

栄養スコア
カロリー 283kcal

> 休日のお昼ご飯に簡単
> たんぱく質たっぷり

親子丼

材料（1人分）

鶏もも肉	80g
玉ねぎ	1/4個
卵	1個
出汁	120ml
合わせ調味料	
しょう油	小さじ1
みりん	小さじ1
酒	小さじ1
砂糖	小さじ1
三つ葉	適量
ごはん	200g

作り方

①鶏もも肉と玉ねぎはひと口大に切り、卵は溶く。
②小さめのフライパンに出汁と玉ねぎを入れ、火が通るまで中火にかける。
③②に鶏もも肉を入れ、火が通ったら合わせ調味料を入れ全体になじませ、卵でとじる。
④器にごはんを盛り、③と、三つ葉をのせる。

献立のヒント: 豚汁（p62）、トマトしらす（p40）

カロリー 630kcal

1 まいにちの食事

体を作る　骨を強くする　パフォーマンスを上げる　疲労回復　エネルギー補給

ひじきの炊き込みごはん

おにぎりにして持っていくのもオススメ！

材料 （1人分）

米	100g
水	120ml
芽ひじき	小さじ2
にんじん	20g
油揚げ	1/2枚

合わせ調味料

しょう油	小さじ2
酒	小さじ1
みりん	小さじ2
塩	少々

作り方

①米を研ぎ、水に30分浸ける。
②芽ひじきは水で戻す。水気をよくきる。
③にんじんは長さ3cmの千切り、油あげは油抜きし、5mm角に切る。
④①と合わせ調味料を鍋に入れかき混ぜる。具をのせ蓋をし、中火にかけ、沸騰したら弱火にし、さらに10分火にかける。
⑤火を止め、10分蒸らし、器に盛る。

栄養スコア ★★ / ★ / ★★ / ★ / ★★★
カロリー **472kcal**

カップで松風焼き

お弁当にも使いやすい

材料 （直径6cmのカップ4個分）

A	長ねぎ	40g
	にんじん	40g
	鶏ひき肉	200g
B	卵	1個
	みそ	小さじ2
	しょう油	小さじ1
	塩・こしょう	各少々
	白ごま	小さじ4

作り方

①オーブンは180℃に予熱する。
②Aをフードプロセッサーに入れ細かくする。Bを加えて粘り気が出るまで攪拌する。
③カップに②を入れ表面を平らにし、全体に白ごまをふる。
④オーブンで12分焼く。

栄養スコア ★★★ / ★ / ★★★ / ★★ /
カロリー **280kcal**

※2個分

栄養スコア	
🦵	★★★
🦴	★★★
💪	★★★
😊	★★
⚡	

カロリー **208kcal**

> キクラゲは鉄が豊富なオススメ食材！
> ごまをふると骨も強くなる

ムースールー
（キクラゲと卵の炒めもの）

材料（1人分）

卵	1個
豚こま肉	40g
キクラゲ（乾燥）	6個
たけのこ	20g
オイスターソース	小さじ2
塩（卵用）	少々
塩・こしょう	各少々
油	小さじ1

作り方

① 卵は溶いて塩を入れ混ぜる。豚こま肉は食べやすい大きさに切り、塩・こしょうをふる。キクラゲは水で戻し、ひと口大にちぎる。たけのこは短冊切りにする。

② フライパンに油をひき、中火にかけ、豚こま肉を入れ炒める。火が通ったら、キクラゲとたけのこを入れ混ぜ、卵を入れてさっと炒め、オイスターソースを入れ混ぜ合わせる。

献立のヒント：白米（p9）、さつまいもと大豆のポタージュ（p58）

1 まいにちの食事

体を作る　骨を強くする　パフォーマンスを上げる　疲労回復　エネルギー補給

夏野菜カレー

材料（1人分）※やや多めの分量

豚ひき肉	80g
赤パプリカ	30g
黄パプリカ	30g
ズッキーニ	30g
カレー粉	小さじ1/4〜
ケチャップ	小さじ2
中濃ソース	小さじ1
塩・こしょう	各少々
ごはん	200g
パセリ	適宜

作り方

①パプリカ、ズッキーニは5〜7mmの角切りにする。
②フライパンを中火で熱し、豚ひき肉を入れ炒め、色が変わったら①を入れてさらに炒める。
③②にカレー粉・ケチャップ・中濃ソースを入れ全体に混ぜ、塩・こしょうで味をととのえる（カレー粉はお好みで調整する）。
④器にごはんと③を盛り、パセリをふる。

献立のヒント 厚揚げ焼き（p40）、油揚げピザ（p42）

いろいろな野菜でアレンジできる

栄養スコア
- ★★★
- ★★
- ★★★
- ★★★

カロリー **572kcal**

肉みそうどん

うどんもトッピングを変えて食欲アップ

材料（1人分）

ゆでうどん	1玉
豚ひき肉	40g
玉ねぎ	20g
合わせ調味料A	
みそ	小さじ1
しょう油	小さじ1
みりん	小さじ1
合わせ調味料B	
かつお昆布出汁	200ml
しょう油	大さじ1
みりん	小さじ2
温泉卵	1個

作り方

① 玉ねぎはみじん切りにする。豚ひき肉に合わせ調味料Aを加えて混ぜる。うどんをゆで水で流し、ぬめりをとる。
② 合わせ調味料Bを鍋に入れ中火にかけ、ひと煮立ちさせて火を止める。
③ フライパンに油をひき玉ねぎを中火で炒める。玉ねぎがすき通ったら豚ひき肉を入れ、ほぐしながら炒める。
④ 器にうどん、③を盛り、温泉卵を割り入れる。②を注ぐ。

栄養スコア
- 体を作る ★★★
- 骨を強くする ★
- パフォーマンスを上げる ★★★
- 疲労回復 ★★
- エネルギー補給 ★★

カロリー **463kcal**

きつねそば

意外にも油揚げはカルシウムが豊富！

材料（1人分）

そば（乾麺）	80g
油揚げ	1枚
ねぎ	10g
合わせ調味料A	
しょう油	小さじ1
砂糖	小さじ1
みりん	小さじ1
かつお昆布出汁	100ml
合わせ調味料B	
かつお昆布出汁	150ml
しょう油	小さじ1
塩	ひとつまみ

作り方

① ねぎは5mm厚さの斜め切りにする。油揚げは熱湯にくぐらせて油抜きする。
② 別の鍋に油揚げと合わせ調味料Aを入れ、落とし蓋をして5〜7分煮て油揚げを取り出す。合わせ調味料Bを鍋に入れ中火にかけ、沸騰直前でねぎを加えひと煮立ちしたら火を止める。
③ 鍋に湯を沸かし、そばを袋の表示時間どおりゆで、湯きりする。
④ 器にゆで上がったそばを入れ、②をかけ、油揚げをのせる。

栄養スコア
- 体を作る ★★★
- 骨を強くする ★★
- パフォーマンスを上げる ★★★
- 疲労回復 ★
- エネルギー補給 ★★

カロリー **403kcal**

🦴 体を作る　🦴 骨を強くする　🍙 パフォーマンスを上げる　🥔 疲労回復　⚡ エネルギー補給

まいにちの食事

冷やし中華（しょう油ダレ）

材料 （1人分）

中華麺	1玉
きゅうり	1/4本
トマト	1/2個（50g）
ハム	2枚
A　卵	1/2個
塩	ひとつまみ
みりん	小さじ1/2
しょう油ダレ	
水	25ml
しょう油、みりん	各大さじ1
砂糖	小さじ1/2
昆布	6cm
酢	小さじ2
しょうが汁	小さじ1/4
ごま油	小さじ1

作り方

①Aの卵と材料をときほぐし、薄く焼き、千切り（錦糸卵）にする。
②きゅうりは縦半分に切り、2mm厚さの斜め切り、トマトは2〜3等分のくし切りにする。ハムは型で抜く。
③中華麺を袋の表示時間どおりゆで、冷水でしめ、水気をよくきる。
④しょう油ダレの材料を鍋に入れ、中火にかけ、ひと煮立ちしたら火を止めて冷まし、ごま油を加える。
⑤③を器に盛り、①と②を盛り付けて、しょう油ダレをかける。

栄養スコア
★★★
★★★
★★
★★
★★★
カロリー 510kcal

> タレも手作りすれば脂質ダウンで
> スポーツキッズ向きの1品に！

冷やし中華（ごまダレ）

材料 （1人分）

麺や具材は、しょう油ダレと同じ材料

ごまダレ

白ねりごま	大さじ1
しょう油	小さじ1
砂糖	小さじ1
酢	小さじ2
ごま油	小さじ1
水	小さじ2

作り方

しょう油ダレの①〜③と同じ手順。
④ごまダレの材料をよく混ぜ合わせる。
⑤③を器に盛り①と②を盛り付けて、ごまダレをかける。

栄養スコア
★★★
★★
★★★
★★
★★
カロリー 569kcal

厚揚げを入れて
カルシウムと鉄分アップ！

焼きうどん

材料（1人分）

ゆでうどん	1玉
豚こま肉	60g
厚揚げ	1/3枚
にんじん	40g
アスパラガス（細め）	2本（20g）
レタス	1枚
サラダ油	小さじ2
酒	小さじ2
しょう油	小さじ2
塩	少々
かつお節	適量
刻み海苔	適量

作り方

① レタスは大きめのひと口大にちぎる。にんじんは長さ3cmの短冊切り、アスパラガスの硬い部分はピーラーで皮をむき厚さ8mmの斜め切りにする。厚揚げは6等分に切る。
② フライパンに油をひき中火で熱し、にんじんを炒める。半分ほど火が通ったら豚肉を加える。
③ 豚肉に火が通ったら、アスパラガス、厚揚げ、ゆでうどん、酒を入れて炒める。
④ アスパラガスに火が通ったら、レタスを加え、しょう油で味付けし、塩で味をととのえる。
⑤ 器に盛り、かつお節、刻み海苔をかける。

COLUMN 2
子どもへの伝え方のコツ

　成長真っ只中の子どもたちの体づくりには骨を強くするカルシウムのほかに、骨をつくるたんぱく質と、根本的エネルギーが必要不可欠だと言われています。特にスポーツを行うお子さんには、大人である親やコーチが食事の管理をするだけでなく、本人に「たくさん食べることの大切さ」を知ってもらい、一緒に取り組むことができるといいですね。
「たくさん食べなさい」「食べないと体が大きくならないよ」という言いかたになりがちですが、素直に聞けないかもしれません。
　そういうときは、話すタイミングを考えてみてください。
　まず、お子さんの性格を考慮して、お子さんの性格を考慮して、「そういえばね」と、日常会話の中でさりげなく話す方が受け入れやすい子もいれば、時間を作って話した方が聞いてくれる子もいます。
　コーチや専門家、などの第三者や、セミナーを受講して聞いた話、として話した方がよく受け入れてくれる子もいます。

　また、一方的に話すのではなく、悩みや夢の話にも耳を傾けてみてください。スポーツをやっていれば、その子なりの目標や悩みがあると思います。野球をやっているなら試合でヒットを打ちたいとか、サッカーをやっているなら、ゴールを決めたい、プロの選手になりたいなど、いろいろありますよね。
　そういう話の中で「目標があるのはいいことだね！　どうしたらいいと思う？」と投げかけてみます。技術的、専門的な話はできない場合もありますが、体を大きくするとか、持久力をつけるといった話なら私たち親でもできます。
「少食でごはんが食べられない」「すぐにへばってしまう」といった悩みが出てきたら食育の始めどき！　本人にも考えてもらってください。食べることがいかに大切か、本人が理解することはとても重要です。

　上から目線で話すより、一緒に頑張ろう、という姿勢でサポートすることで、お子さんも頼ってくれますし、きっと話に耳を傾けてくれるようになります。

第 2 章

ちょい足しおかず

> カルシウムとたんぱく質豊富な
> 厚揚げのアレンジ

厚揚げチリマヨ

材料（1人分）

厚揚げ	1/2枚
玉ねぎ	1/4個
ピーマン	1/2個
カシューナッツ	10g
油	大さじ1/2
合わせ調味料	
スイートチリソース	大さじ2
マヨネーズ	大さじ1

作り方
①厚揚げは熱湯をかけ、油抜きをする。2cm角に切る。玉ねぎはくし切り、ピーマンは乱切りにする。合わせ調味料は混ぜる。
②フライパンに油をひき、①を入れ中火で炒める。火が通ったらカシューナッツを入れ、合わせ調味料をからめる。

栄養スコア
カロリー 451kcal

肉みそ

> おいしい肉みそで
> たんぱく質増量

材料（2人分）

鶏むねひき肉	100g
ねぎ	10g
おろししょうが	小さじ1
合わせ調味料	
鶏ガラスープ	100ml
甜麺醤	小さじ2
オイスターソース	小さじ2
片栗粉	小さじ2
塩・こしょう	各少々
ごま油	小さじ2

作り方
①ねぎはみじん切りにする。合わせ調味料は混ぜ合わせる。
②フライパンにごま油とおろししょうがと①を入れ、弱火にかけ香りを出す。鶏むねひき肉を入れ塩・こしょうをふり、中火でほぐし炒め、合わせ調味料を入れてとろみがつくまで炒める。

栄養スコア
カロリー 150kcal
※1人分

くずし豆腐

> あと1品ほしいとき、かんたんに栄養アップできる！

材料（1人分）

豆腐	150g
ザーサイ	10g
くるみ	10g
貝割れ大根	5g
ごま油	小さじ2
塩	少々
甜麺醤	小さじ1

作り方

① 豆腐はペーパーで包み水切りする。くるみは細かく砕き、貝割れ大根はみじん切りにする。
② 器にすべて入れ、混ぜる。

栄養スコア
カロリー **255kcal**

豚バラねぎ

> 疲労回復に役立つビタミンB₁が豊富！

材料（1人分）

豚バラ肉	40g
ねぎ	40g
にんにく	ひとかけ
しょう油	小さじ2
みりん	小さじ2

作り方

① 豚バラ肉は1cm幅に切る。ねぎは斜め薄切り、にんにくはみじん切りにする。
② フライパンに①を入れ、中火にかけ、豚バラ肉がこんがりとなって、油が出るまで焼く。軽く油を拭きとり、しょう油・みりんをまわしかけて混ぜ合わせる。

栄養スコア
カロリー **217kcal**

体を作る　骨を強くする　パフォーマンスを上げる　疲労回復　エネルギー補給

2 ちょい足しおかず

厚揚げ焼き

カルシウムと鉄が手軽に摂れる！

材料（1人分）

厚揚げ	1/3枚
大根おろし	20g
刻み海苔	適量

作り方
① 厚揚げは熱湯をかけ油抜きをし、グリルで3分焼く（または180℃のオーブンで5分）。
② 大根おろし、刻み海苔をのせる。

栄養スコア
カロリー **114kcal**

トマトしらす

ビタミンAとCが豊富 炎天下の活動後にオススメ！

材料（1人分）

トマト（小）	1個
しらす	10g
大葉	2枚
玉ねぎ	10g
酢	大さじ1
しょう油	大さじ1/2
砂糖	小さじ2
塩	少々

作り方
① トマトは1cm角に切る。大葉は細切りにする。玉ねぎはみじん切りにし、塩をふって辛みを出し、水気をきる。
② ボウルに①としらす、すべての調味料を入れて混ぜ合わせる。

栄養スコア
カロリー **79kcal**

メカジキ納豆みそ焼き

> たんぱく質がしっかり摂れる

材料（2人分）

メカジキ	2切れ
納豆	1パック
みそ	小さじ1
ねぎ	10g
みりん	小さじ1
ごま油	小さじ2

作り方

① ねぎはみじん切りにする。メカジキに塩をふり2分程度置き、水分を軽く拭きとる。
② ボウルに納豆・みそ・ねぎ・みりん・ごま油を入れ混ぜる。
③ メカジキに②をのせ、トースターで7〜8分焼く。

栄養スコア カロリー **245kcal** ※1人分

納豆腐グラタン

> やわらかいので疲れたときでも食べやすい

材料（2人分）

納豆	1パック
豆腐	150g
卵	1個
小ねぎ	1本
桜エビ	ひとつまみ
しょう油	小さじ3/4
みりん	小さじ1
ピザ用チーズ	20g

作り方

① 小ねぎは小口切りにする。
② ピザ用チーズ以外の材料を器に入れよく混ぜ、表面をならす。
③ 上からピザ用チーズをかけ、トースターで5分程度チーズに色がつくまで焼く。

栄養スコア カロリー **173kcal** ※1人分

体を作る　骨を強くする　パフォーマンスを上げる　疲労回復　エネルギー補給

2 ちょい足しおかず

納豆ちくわ揚げ

食べごたえも栄養も抜群！

材料（2人分）

納豆	1パック
ちくわ	5本
大葉	5枚
片栗粉（米粉）	小さじ2
揚げ油	適宜

作り方
① 納豆は混ぜる。ちくわは、縦に切り込みを入れる。
② 大葉に納豆の1/5をのせて筒状に包み、ちくわの切り込みに入れ、片栗粉をまぶす。
③ 手鍋に1cm程度の揚げ油をひき中火にかけ、温まったら②を入れ、カリッとするまで焼く。

栄養スコア
カロリー **179kcal** ※1人分

油揚げピザ

油揚げとじゃこでカルシウムたっぷり！

材料（1人分）

油揚げ	1枚
マヨネーズ	小さじ1/2
とろけるチーズ	20g
ちりめんじゃこ	10g
小ねぎ	10g
しょう油	小さじ1/2

作り方
① 油揚げに熱湯をかけ油抜きをする。
② 油揚げにマヨネーズを塗る。
③ チーズ、じゃこをのせ、しょう油をまわしかける。
④ トースターで3分焼く。刻んだねぎをのせる。

栄養スコア
カロリー **190kcal**

納豆と長芋の磯辺揚げ

香ばしさに手が止まらない！

材料（2人分）

納豆	1パック
長芋	100g
青海苔	小さじ1/2
卵	1/2個
片栗粉	大さじ1
合わせ調味料	
しょう油	小さじ1
みりん	小さじ1
ごま油	大さじ1/2
海苔	1/2枚

作り方
① 長芋はすりおろす。海苔は1辺4cm程度の正方形に切る。
② ボウルに納豆を入れて混ぜ、①、青海苔・卵・片栗粉を入れてさらによく混ぜる。
③ フライパンにごま油をひき、海苔を並べその上に②をスプーンでのせて中火にかける。両面を焼く。
④ 火を止め、合わせ調味料をまわし入れて全体にからめる。

栄養スコア
カロリー **145kcal**　※1人分

納豆ドレッシング

ドレッシングでも栄養強化！

材料（作りやすい分量）

納豆	2パック
サラダ油	100ml
しょう油	50ml
酢	大さじ2
玉ねぎ	50g
にんじん	50g
りんご	50g

作り方
① 玉ねぎ・にんじん・りんごはすりおろす。
② ボウルに①とほかの材料すべてを入れ、よく混ぜ合わせる。

栄養スコア
カロリー **289kcal**　※100gあたり

---

2 ちょい足しおかず

体を作る　骨を強くする　パフォーマンスを上げる　疲労回復　エネルギー補給

温野菜サラダ

朝ごはん・お弁当にもオススメ

材料（1人分）

にんじん	40g
カリフラワー	40g
卵	2個
ドレッシング	
マヨネーズ	小さじ2
マスタード	小さじ1/2
塩・こしょう	各少々

作り方

①にんじんは5mm幅の半月切り、カリフラワーは4等分に切る。ドレッシングの材料を混ぜる。
②小鍋ににんじんとかぶる程度の水を入れ中火にかける。沸騰して3〜5分たったらカリフラワーを加え、2分程度ゆでる。
③卵は沸騰した湯に入れ10分中火でゆでる。殻をむき、くし形に切る。
④②とドレッシングをあえ、③を添える。

栄養スコア
カロリー 162kcal

にんじんのひらひらサラダ

目にいいビタミンAがたっぷり！

材料（1人分）

にんじん	1/4本（50g）
ドレッシング	
オリーブオイル	小さじ2
はちみつ・レモン汁	各小さじ1
塩	ふたつまみ
こしょう	少々

作り方

①にんじんはピーラーでリボン状にスライスする。
②ドレッシングの材料をよく混ぜ、①を加えてあえる。

栄養スコア
カロリー 114kcal

切り干し大根とキクラゲの炒め煮

> 切り干し大根はカルシウム、キクラゲは鉄が豊富

材料（2人分）

切り干し大根	10g
乾燥キクラゲ	6個
えのき茸	20g
油揚げ	1/2枚
合わせ調味料	
鶏ガラスープ	50ml
しょう油	小さじ1/2
みりん	小さじ1
砂糖	小さじ1/2
塩	少々

作り方

① 切り干し大根は食べやすい長さに切り、水で洗う。キクラゲは水で戻し千切り、えのき茸は4cm長さに切りほぐす。油揚げは熱湯をかけ油抜きをしたあと千切りにする。
② 鍋に①と合わせ調味料を入れ中火にかけ、汁気が少なくなるまで炒める。

栄養スコア カロリー **47kcal** ※1人分

ふりかけ

> さば缶はスポーツキッズにうれしい栄養素がたっぷり！

材料（作りやすい分量）

さば缶		1/2缶（45g）
A	トマト	1/2個
	ケチャップ	小さじ1
	砂糖	小さじ1/2
B	青海苔	小さじ1/2
	ごま	大さじ1/2
	小エビ	大さじ1
	かつお粉	大さじ1/2

作り方

① フライパンにさば缶を入れ、ほぐしながら水分がなくなるまで炒る。
② ①にAを入れ、水分がなくなるまで炒る。
③ ②にBを加え、さらに炒る。

栄養スコア カロリー **70kcal** ※レシピの半量

体を作る　骨を強くする　パフォーマンスを上げる　疲労回復　エネルギー補給

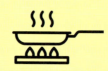

COLUMN 3
ジュニアプロテインは必要か

　現代はインターネットが発達し、誰もが多くの情報に触れることができます。SNSにはさまざまな製品の広告が流れ、個人の体験談も溢れかえっています。そうした情報を目にすると、サプリメントを取り入れたほうがよいのではないか、と気になりますよね。その代表がプロテインではないでしょうか。

　プロテインとはたんぱく質を粉末状にしたサプリメントのことで、不足しているたんぱく質を補うために摂取するものです。

　プロスポーツ選手やトップアスリートの方たちが体作りのために摂取することが多いものですが、最近はジュニアプロテインという名前で子ども向けの商品も多く見かけるようになりました。しかし、3食ともバランスのとれた食事を食べている子どもにプロテインは必要ありません。食事から必要な量のたんぱく質を十分に摂取できるからです。

　たんぱく質は大切な栄養素のひとつで、もちろん不足はよくないですが、実は摂りすぎもよくないのです。たんぱく質を過剰に摂ってしまうと、余った分を分解・排出する際に肝臓や腎臓に負担がかかります。その結果、体が疲れた状態となってしまい、パフォーマンスが落ちてしまう、ということもあるのです。

　プロテインだけでなく、鉄分やカルシウム、亜鉛やマグネシウムなど、スポーツキッズにとって気になる栄養素を補強する目的のサプリメントがたくさん販売されています。これらの栄養素はサプリメントからの摂取には過剰摂取のリスクが伴います。子どものことを思えばこそ、取り入れたくなる気持ちはわかりますが、取り入れる前に、本当に子どもにとってその栄養が不足しているのか、食事では摂りきれていないのかを一度確認し、本当に必要なものだけをとり入れるようにしてほしいなと思います。

　私が医学生だったとき、小児科の先生がまずおっしゃったのが「子どもは『小さい大人』ではない」ということでした。子どもには子どもとしての特徴があり、大人用のデータや大人用の薬を、単純に少なめにすればいいというものではない、ということです。

　大人のトップアスリートや高校生のお兄さんお姉さんアスリートは憧れの存在であり、真似をしたくなりますよね。憧れの気持ちが、スポーツ選手としての成長を促すという側面もあるのですが、そもそも体が全然違うということを忘れてはいけません。体が違うということは、食事やトレーニングで同じものをとり入れても、うまく処理することができず、逆に負担をかけてしまうことがあるのです。

　逆に子どもの体だからこそ受け入れられる内容や必要な内容もあるということを理解し、子どもにとって本当に必要なサポートができる大人が増えてほしいなと感じています。

（羽山涼子）

第 3 章

朝ごはん＆お弁当

朝食 バリエーション 1

和食朝ごはん

メニュー例
- ごはん（200g）
- ハムエッグまたはサラダ
- フルーツヨーグルト
- 豚汁（p62）または
  トマトと小松菜の卵とじみそ汁（p62）など

バリエのポイント

練習や試合がある日の朝ごはんのオススメは、白米・みそ汁・おかずの定番和食。朝食後、練習に向けて出発し、昼食までに4時間以上空く場合は、途中でおにぎりなどエネルギー源になるものを摂ると◎。

栄養スコア
- ★★★
- ★★★
- ★★★
- ★★★
- ★★★

カロリー **638kcal**

朝食バリエーション2
パン朝ごはん

メニュー例

- ロールサンド
    - スクランブルエッグ
    - ウインナー
    - トマト
    - サラダ菜
- スープ類（p20、28、58〜61、63）
    - または黒ごまきな粉ラテ（p51）
    - スムージー類（p51）など
- フルーツ

バリエのポイント

朝ごはんはパン派の子も、菓子パンではなく、サンドイッチや惣菜系にして、おかずもバランスよく食べることができればOK！乳製品は毎食摂りたい食材なので牛乳かヨーグルトを摂るようにすると◎。白米に比べてパンのほうが消化が速いので、昼食までの間に補食がとれるとなおよいです。

栄養スコア

- 体を作る ★★★
- 骨を強くする ★★★
- パフォーマンスを上げる ★★★
- 疲労回復 ★★★
- エネルギー補給 ★★★

カロリー **793kcal**

3 朝ごはん＆お弁当

体を作る　骨を強くする　パフォーマンスを上げる　疲労回復　エネルギー補給

オレンジジャム

甘酸っぱい香りが食欲をそそる

材料（作りやすい分量）
オレンジ	1個
グラニュー糖	皮をむいたオレンジの重量の30％の量
オレンジの皮	5g

作り方
① オレンジは皮をむき、身はひと口大に、皮（5g）は千切りにする。すべてを鍋に入れてグラニュー糖も加え、5分置く。
② 弱めの中火にかけ、15分間ときどきかき混ぜながら煮る。
③ 強めの中火にして、ときどきかき混ぜながら8分程度、鍋底が見えるくらいになるまで煮詰める。

栄養スコア

カロリー **119kcal**
※100gあたり

キウイジャム

材料（1人分）
キウイ	1個（約130g）
砂糖	キウイの30％
レモン汁	2滴

キウイはビタミンCが豊富！

作り方
① キウイは粗みじん切りにする。
② 材料をすべて小鍋に入れる。中火でキウイをつぶしながらとろりと煮詰まるまで煮る。

栄養スコア
カロリー **129kcal**
※100gあたり

ブルーベリージャム

カルシウム豊富な乳製品と相性抜群！

材料（1人分）
冷凍ブルーベリー	50g
グラニュー糖	10g
レモン汁	小さじ1/4

作り方
① ブルーベリーとグラニュー糖を小鍋に入れ中火にかける。沸騰したら火を弱め、とろりとするまで煮詰める。
② フォークでブルーベリーの実をつぶし、レモン汁を加える。

栄養スコア
カロリー **104kcal**
※100gあたり

いちごジャム

材料
いちご	80g
砂糖	24g（砂糖はいちごの30％程度の量）

作り方
① いちごはへたをとる。粗みじん切りにして手鍋に入れ、砂糖をふって5分置く。
② 弱めの中火で10分程度、かき混ぜながらとろみがつくまで煮詰める。

栄養スコア
カロリー **114kcal**
※100gあたり

りんご、バナナでもできるよ

> 運動後にもぴったりの栄養満点ドリンク

黒ごまきな粉ラテ

材料（1人分）

黒ごま		大さじ1
A	牛乳	150ml
	きな粉	小さじ2
	はちみつ	小さじ2

作り方

① 黒ごまは油がにじむまですり鉢でする。
② ①にAを入れよく混ぜる（すり鉢の黒ごまを洗いとるようにするとよい）。

栄養スコア
カロリー 201kcal

ブルーベリースムージー

材料（1人分）

冷凍ブルーベリー	60g
牛乳	100ml
砂糖	小さじ2
氷	4個

作り方

① すべての材料をミキサーに入れ、なめらかになるまで混ぜる。

栄養スコア
カロリー 119kcal

> 冷凍庫にブルーベリーがあれば、すぐつくれる！

> 小松菜はミネラルもビタミンも豊富！

小松菜バナナスムージー

材料（1人分）

冷凍小松菜	15g
冷凍バナナ	1/2本（約50g）
皮つきりんご	1/4個（約25g）
牛乳	120ml
氷	5個

作り方

① ミキサーにすべての材料を入れ、撹拌する。

※ミキサーが回らない場合があるため、倍量で作るのがオススメ！

栄養スコア
カロリー 141kcal

体を作る　骨を強くする　パフォーマンスを上げる　疲労回復　エネルギー補給

COLUMN 4
ちょい足し栄養のススメ

　子どもには、一日3回の食事がとても大切です。さらにスポーツをする子どもたちは、運動と成長に必要な栄養とで、2倍のエネルギーが消費されています。

　とはいえ、毎食の品数を増やし、いつでもバランスよく！　というもの大変なので、ぜひ、「ちょい足し栄養」を活用してほしいです。

　「ちょい足し栄養」の食材には青海苔、ごま、桜エビ、ドライ大豆、冷凍あさり、ひじき、キクラゲなどがあります。普段なかなか使わない食材かもしれませんが、スポーツキッズのご家庭では、ぜひ常備してもらいたい食材です。カルシウムや鉄、亜鉛などのミネラルも豊富に含まれていて、スポーツをすると汗と一緒に流れてしまうミネラルを補うことができます。

　これらの食材は、普段作る料理にパラパラとふり入れるだけでOKです。お惣菜やコンビニで購入したお弁当にもぜひ、ちょい足ししてください。

　たとえば、青海苔を混ぜたちくわの磯辺揚げ。卵焼きには、青海苔やごま、ひじき、桜エビ（干しエビ）を入れて巻きます。ドライ大豆や冷凍あさりをカレーの具として追加するのもオススメです。ドライ大豆は、そのままでも食べられるので、サラダのトッピングとしても重宝します。

　あさりには鉄分が多く含まれていますが、なかなか使いにくい食材ですよね。苦手な子も多いですし、私もあさりのよさを知るまでは、年に1回あさりのみそ汁を作るかどうかぐらいでした。でも、冷凍のあさりも、缶詰のあさりも栄養価は生のあさりとそれほど変わらないと管理栄養士の先生に聞いてから、冷凍あさりをよく活用するようになりました。クリーム系のスープなどに入れたり、チャーハンや野菜炒めに使ったりしています。個人的にはチヂミに入れるのが好きです。ニラ・キャベツ・にんじんなど野菜もたくさん入れて、その中にあさりが入っていても姿もあまり見えないし、ほとんど気づかれません。オススメです。

　あとは、手作りのふりかけもオススメです（第2章p45参照）。青海苔とごま・干しエビに塩を少し混ぜるだけで、できあがり。じゃこ・大根の葉っぱ・ごまをごま油で炒めたふりかけもオススメです。白いごはんが苦手なお子さんには、こうしたふりかけを活用するといいですね。

　ちょい足し栄養は毎食、摂り入れることがポイントです。1回の分量は少なくても、継続することで必要な栄養素がまかなえ、毎日の食事で、スポーツに適した体づくりをサポートできます。

　青海苔やごま、干しエビなどは数百円でスーパーで手に入る食材なので、ぜひ「ちょい足し栄養」を活用してみてください。

お弁当バリエーション1
しょうが焼き弁当

メニュー例

- ごはん（200g）
- 豚のしょうが焼き（p23）
- にんじんのひらひらサラダ（p44）
- ちくわのかんたん磯辺焼き（p55）
- ブロッコリーとあさりの
  アヒージョ風炒め（p89）
- ゆで卵
- レタス

その他の例

- しょうが焼き ▶ チンジャオロース（p21）／ビビンパ丼（p22）／ちらし寿司（p19）
- ブロッコリーとあさりのアヒージョ風炒め ▶ 砂肝炒め（p88）／厚揚げチリマヨ（p38）
- ちくわのかんたん磯辺焼き ▶ ちくわチーズ（ちくわの中にチーズやきゅうりを入れる）
- ゆで卵 ▶ はんぺんを焼く　など

バリエのポイント

白米にたんぱく源のオーソドックスなメニューは、小さいおかずをいくつか一緒に入れることでバランスが整いやすくなります。前の日の夕食のおかずを少しお弁当用に取りわけておいたり、かんたんに作れるおかずのレパートリーやちょい足し栄養の食材（p52参照）があると便利です。このお弁当もカルシウム食材を追加すると◎。

栄養スコア

- 体を作る ★★★
- 骨を強くする ★
- パフォーマンスを上げる ★★
- 疲労回復 ★★★
- エネルギー補給 ★★★

カロリー **718kcal**

お弁当バリエーション2

オムライス弁当

メニュー例
- 炊き込みオムライス（p55）
- にんじんグラッセ（p55）
- ゆでブロッコリー
- さつまいもと大豆のポタージュ（p58）

その他の例
- 炊き込みオムライス ▶ ごちそうシーフードピラフ（p15）／夏野菜カレー（p32）／焼きうどん（p35）
- にんじんグラッセ ▶ 温野菜サラダ（p44）／にんじんのひらひらサラダ（p44）／切り干し大根とキクラゲの炒め煮（p45）
- さつまいもと大豆のポタージュ ▶ コーンチャウダー（p61）／トマトクリームスープ（p63）

バリエのポイント

オムライスのような1品でエネルギー源とたんぱく源が摂れるメイン料理には、＋スープで栄養バランスを取ると◎。ただし、オムライス（チャーハン・ピラフ）など油を使うエネルギー源は、食べたあと消化しエネルギーに変わるまでに時間がかかるため、食後すぐに運動するタイミングには向かないので、通常の学校の日（昼食後は授業ですぐに運動はしないとき）や、行事でお弁当が必要なとき（校外学習やレクリエーションなど）に普段と違うお楽しみ弁当として活用してください。

栄養スコア
- ★★★
- ★★★
- ★★★
- ★★★
- ★★★

カロリー **906kcal**

ちくわのかんたん磯辺焼き

材料（1人分）
- ちくわ　2本
- マヨネーズ　小さじ1
- 青海苔　ひとつまみ
- パン粉　ひとつまみ

作り方
①ちくわは乱切りにする。
②①をアルミカップに入れ、マヨネーズをかけ青海苔、パン粉をふり、トースターで2～3分加熱する。

栄養スコア
カロリー **96kcal**

時間のない朝でもサッと作れる

にんじんグラッセ

ちょこっと添えてビタミン補給

材料（作りやすい分量）
- にんじん　60g
- バター　4g
- 砂糖　小さじ1/2

栄養スコア
カロリー **88kcal**
※100gあたり

作り方
①にんじんを3cm長さの拍子木切りにする（角を面取りをすると見栄えがよい）。
②にんじん、バター、砂糖を耐熱容器に入れ、ふんわりラップをし600wの電子レンジで2分加熱する。

炊き込みオムライス

包まないから手軽に作れる！

材料（作りやすい分量）
- 鶏もも肉　80g
- 玉ねぎ　40g
- ピーマン　1/2個
- A
  - ケチャップ　大さじ1
  - コンソメ（顆粒）　小さじ1/2
  - バター　10g
- 塩・こしょう　各少々
- 米　1合
- 水　180ml
- 卵　1個
- 砂糖　少々
- 塩　少々

作り方
①米は研ぎ、30分浸漬し（分量外）水気をきる。玉ねぎ・ピーマンは1.5cmの角切りにする。鶏もも肉は塩・こしょうをする。
②鍋に①とAと水を入れ強火で沸騰後、弱火で10分炊き、さらに10分蒸らす（炊飯器で炊いてもよい）。
③卵は炒り卵にする。
④②の鶏肉を取り出し、薄切りにする。ごはんを器に盛り、③の炒り卵と、鶏肉を並べ盛り付ける。

栄養スコア
カロリー **635kcal**

体を作る　骨を強くする　パフォーマンスを上げる　疲労回復　エネルギー補給

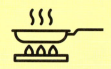

COLUMN 5
パン派・麺派にも食べてもらいたい白米

　パンや麺類などの小麦粉製品と白米、カロリー的にはどちらもそれほど変わらず、どちらもエネルギー源になる炭水化物です。白米には、すぐにエネルギーになる糖質と、少し時間のかかる糖質が混ざっているそうで、朝食に白米を食べることで、ゆっくりと消化され、早くお腹がすいてしまうことを防ぐことができます。

　一方、小麦粉が原料のパンや麺は、粒状のお米と違い、粉が原料なので、噛み砕くのも簡単で、速く消化されます。
　パン自体はエネルギー源で、消化も速いので、それならパンでもいいのでは？と思うかもしれませんが、パンに塗るバターやクリーム、菓子パンも問題で、それらの脂質は消化に時間がかかり、すぐに必要なエネルギーにはなりません。一緒に食べるおかずもハムやウインナー、卵などがメインになると、脂質が多くなりがちであることが、スポーツ向きではない部分です。現在朝ごはんはパン派のご家庭も、まずは週に1回からごはんの和食に慣れていくと、本格的にスポーツに取り組む、中高生以降での食トレが断然ラクになります。

　また、朝が早くて準備するのが大変なときや、ギリギリまで寝ていたいということで、簡単に食べられる菓子パンを常備しているという話はよく聞きます。
　食事がなかなか進まないときや、時間がないときに、せめて菓子パン、と思ってしまう気持ちはよくわかります。しかし、協会の医学アドバイザー羽山涼子先生によると、菓子パンはお菓子と同じで、ほぼ糖質と脂質しか含まれておらず、子どもの成長に必要な栄養素はほとんどゼロなのだそうです。急にはやめるのは難しいので、まずは、生クリームやチョコなどの脂質が多く入っている菓子パンを減らし、おかず系のパンや、甘い系のものであれば、あんパンや蒸しパンなどに慣れていってください。

　では菓子パンはいつなら食べていいのか羽山先生に聞いてみたところ、お菓子と同じだという認識のもと、「お楽しみ程度に食べる」分には大丈夫ですとのことでした。
　次に、週1回はごはんにする、練習時間が長くなる土日や、試合の朝などだけでも、お米が食べられるようになるといいですね。またはこの反対でもいいです。朝がそこまで早くない学校の日や、この曜日だけはごはん、などと、食べる日はお子さんと話し合って決めるのがオススメです。

　あくまでも無理強いはせず、子どもの気持ちに寄り添いながら、食事に対する知識と意識がつけられるよう、少しずつ「食」の改善にトライしてみてくださいね。

第 **4** 章

スープ&汁もの

さつまいもと大豆のポタージュ

材料（2人分）

さつまいも		180g
玉ねぎ		20g
A	大豆	25g
	コンソメ（顆粒）	小さじ1/4
	砂糖	小さじ2〜
	水	60ml
牛乳		200ml

作り方

① さつまいもは1cm幅のいちょう切りにする。玉ねぎはスライスする。
② 鍋に水を入れ沸騰させ、①をゆでる。
③ Aの粗熱をとりミキサーにかける。
④ 牛乳を入れ、さらに撹拌する。

献立のヒント　焼きうどん（p35）、さばライスボウル（p22）

子どもに人気のポタージュに
たんぱく質と鉄分をプラス

栄養スコア
カロリー **226kcal** ※1人分

栄養スコア
カロリー **138kcal**

手軽に作れるトマトの冷製スープ

ガスパチョ風スープ

材料（1人分）

きゅうり	10g
黄パプリカ	10g
A トマト	1個（130g）
A はちみつ	小さじ1
A すりおろしにんにく	小さじ1/8
塩・こしょう	各少々
オリーブオイル	小さじ1/2

※トマトの水分が少なければ水も足す。

作り方

① きゅうりと黄パプリカは0.5cm角に切る。トマトはぶつ切りにする。
② ミキサーにAを入れ攪拌し、鍋に移して中火にかける。ひと煮立ちしたら火を止める。
③ ②を別の器（バットやボウル）に入れて塩・こしょうをして冷蔵庫で冷やす。
④ ③を器に盛り、きゅうりと黄パプリカを飾りオリーブオイルをまわしかける。

献立のヒント　クリームパスタ（p18）、夏野菜カレー（p32）

4 スープ＆汁もの

体を作る　骨を強くする　パフォーマンスを上げる　疲労回復　エネルギー補給

タラと野菜のカレースープ

材料（2人分）

タラ	80g
かぼちゃ	60g
にんじん	60g
ブロッコリー	60g
水	300ml
コンソメ（顆粒）	小さじ1
カレー粉	小さじ1/4〜

作り方

① タラはひと口大に切り、塩（分量外）をふる。かぼちゃは1.5cm幅の角切り、にんじんは1cm厚さのいちょう切りに切る。ブロッコリーは小房に分ける。
② 鍋に水・かぼちゃ・にんじんを先に入れ火を点け、沸騰させ、コンソメを入れる。
③ ブロッコリーとタラを入れ、さらに1分程度加熱する（加熱時間は分量より調整する）。
④ カレー粉・塩・こしょうで味をととのえる。

> 好きな味でお魚も食べられる
> メインおかずにもなるスープ

栄養スコア
カロリー **86kcal** ※1人分

栄養スコア
カロリー **213kcal**
※1人分

コーンスープもちょい足しで
栄養価アップ！

コーンチャウダー

材料（2人分）

コーンクリーム缶	200g
牛乳	200ml
ほうれん草	2株
冷凍あさり	10個
卵	1個
じゃがいも	40g

作り方

① ほうれん草は2cm幅に切り電子レンジ600wで1分加熱する。じゃがいもは2cm長さの拍子木切りにし、電子レンジ600wで1分30秒加熱する。
② 鍋にコーンクリームと牛乳を入れ火にかけ、煮立たせないように混ぜる。
③ ②にじゃがいも・ほうれん草・冷凍あさりを入れる。
④ 軽く沸騰したら、卵を溶いてまわし入れる。

献立のヒント：砂肝炒め（p88）、白米（p9）

体を作る　骨を強くする　パフォーマンスを上げる　疲労回復　エネルギー補給

これ一品で優秀なメニュー

豚汁

材料（2人分）

豚こま肉	40g
にんじん	20g
さつまいも	20g
小松菜	2枚
水	300ml
ごま油	小さじ2
麦みそ	小さじ2

作り方

① にんじんとさつまいもは厚さ5mmのいちょう切り、小松菜は3cm幅に切る。
② 鍋にごま油をひき中火にかけ、豚こま肉を炒める。色が変わったらにんじんとさつまいもを加えさっと炒める。
③ 水を加え、具が柔らかくなるまで煮る。
④ 小松菜を加え、ひと煮立ちしたら火を止め、麦みそを溶く。

栄養スコア カロリー **115kcal** ※1人分

トマトと小松菜の卵とじみそ汁

マンネリしがちなおみそ汁をアレンジ

材料（2人分）

かつお昆布出汁	300ml
トマト（小）	1個
小松菜	4枚
卵	1個
みそ	小さじ2

作り方

① かつお昆布出汁を小鍋に入れ温める。
② トマトを8等分のくし形切りにして、さらに半分にする。
③ 小松菜は2cm幅に切る。
④ トマトと小松菜を入れ、ひと煮立ちしたら卵を溶いて、鍋にまわし入れる。火を止め、みそを溶く。

栄養スコア カロリー **69kcal** ※1人分

栄養スコア
カロリー **169kcal**
※1人分

ミネストローネからの味変に！

トマトクリームスープ

材料（2人分）

トマト	2個
玉ねぎ	20g
にんじん	20g
じゃがいも	20g
ブロッコリー	20g
鶏もも肉	40g
オリーブオイル	小さじ2
にんにく	1/4片
コンソメスープ	200ml
砂糖	少々
塩・こしょう	各少々
牛乳	100ml

作り方

① にんにくはみじん切り、トマト・玉ねぎ・にんじん・じゃがいもは、1cmの角切りにする。ブロッコリーは、小さめの小房に分ける。鶏もも肉も、小さめのひと口大に切る。

② 手鍋にオリーブオイルとにんにくを入れ、弱火にかける。にんにくの香りが立ったら、①を加え炒める。

③ 玉ねぎが透き通ってきたら、コンソメスープを入れ、火が通ったら、砂糖・塩・こしょうで味をととのえる。

④ 火を止め、牛乳を加え混ぜる。

体を作る　骨を強くする　パフォーマンスを上げる　疲労回復　エネルギー補給

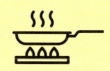

COLUMN 6
子どもの「食べる力」を養う

　昨今、ダイエットのための糖質制限が流行ったことがあり、大人だけでなく、子どもも「ごはんは太る」という認識をもっていることが多く、白米を避けるケースを聞きます。

　体が大きくなったり、身長が伸びたりするのにはたんぱく質やカルシウムに意識が行きがちですが、運動で糖質を消費してしまうと、体を大きくする分まで残っていない状態になります。だからエネルギー源として糖質（白米）を摂ることが重要だと言われています。

　私の息子たちも、小さいころからスポーツをやっているのですが、あるとき、次男が「もう、お腹いっぱい」と言うので、試しにごはんの量をはかってみました。そうしたら、三男が食べている量より少なかったということがありました。これには本人も驚いていました。自分ではたくさん食べているつもりでも、意外と少なかったりします。

　実際、自分がどれくらいの量を食べているのか、本人にはかってもらうといいですよ。少ないようなら、少しずつ量を増やすように子ども自身にも意識してもらいます。特に、背を伸ばしたい、体を大きくしたい競技のお子さんには、白米（糖質）が成長に重要な栄養素だということを話し、一緒に取り組んでください（必要量はp6②を参照）。

　1回の量を増やせないなら、補食でおにぎりを食べるようにしてもOKです。コンビニのおにぎり1個は約100gなので、学校が終わって一度帰宅したら、おにぎりを1個食べ、練習後にまた1個食べ、その後の夕食で100g食べて、合計300gにしても大丈夫です。おにぎりのオススメの具は、練習前ならすぐにエネルギーになる具なしの塩むすび。練習後はたんぱく質を補充したいので、鮭や卵などを具にするといいです。海苔を巻くとミネラルが摂れるので、さらによい補食になります。ツナマヨは脂質が多く入っているので、運動前は避けたほうが賢明です。チャーハンやオムライス味、炊き込みごはんのおにぎりもありますが、油で米をコーティングしていることになるので、運動前は控えたほうがいいです。

　練習などで夜遅くに帰宅し、寝る時間が迫っている場合でも、お腹がすきすぎるとエネルギー不足になるので、ごはんと一緒に消化のよいおかずを食べても大丈夫です。こういうときはうどんやそうめん、餅なども消化がよいのでオススメです。

　わが家では、「豆腐丼」が人気です。作り方もとっても簡単です。ごはん（白米）の上に、豆腐をのせて、海苔とかつおぶしをのせて、しょう油をかけて食べます。卵かけごはんもいいと思います。反対に、少量だとしてもアイスやスナック菓子、菓子パンだけで済ませないようにしてほしいです。

第 5 章

日常のおやつ

米粉ドーナツ

材料 (5cmのドーナツ型12個分)

A
米粉ミックス粉	90g
絹ごし豆腐	70g
卵	1個
牛乳	20g
油	15g
砂糖	10g

きなこ　　　小さじ1
ココア　　　小さじ1/2

作り方

①オーブンを170℃に予熱する。
②ボウルにAをすべて入れホイッパーで混ぜる。
③②の半量を別のボウルに移し、それぞれにきなこ、ココアを混ぜ、2種類の生地を作る。
④ドーナツ型に流し、170度のオーブンで10分焼く。

> 米粉と豆腐で
> スポーツキッズも満足スイーツに

栄養スコア
カロリー **215kcal**
※1人分4個

栄養スコア
カロリー **279kcal**

和菓子はスポーツキッズにオススメ

白玉みたらし団子

材料（1人分）

白玉粉	50g
水	大さじ2と1/2
砂糖	大さじ1
タレ	
出汁	50ml
しょう油	大さじ1/2
砂糖	大さじ1
片栗粉	小さじ2
水	小さじ2

作り方

① 白玉粉と砂糖をボウルに入れ、水を加え耳たぶくらいの硬さにする。4等分して丸め、中央を軽くつぶす。
② 湯を沸かして①を入れ、浮いてきたら冷水にとる。
③ タレの材料を小鍋に入れ中火にかけ、ふつふつ沸いたら一度火を止める。片栗粉を水で溶き、小鍋に加えよく混ぜ、再度火をつけかき混ぜながら1分程度加熱する。

5 日常のおやつ

体を作る　骨を強くする　パフォーマンスを上げる　疲労回復　エネルギー補給

ツナマヨパン

材料（2個分）

ミックス粉	50g
卵	1/2個
水	25ml
ツナ	1/2缶
マヨネーズ	5g
乾燥パセリ	適量

作り方

①ボウルにミックス粉を入れ、ダマがなくなるようにホイッパーで混ぜる。
②卵と水を別のカップに入れ、よく混ぜ①に入れ、ホイッパーで混ぜる。
③②を半量ずつカップ（直径8cm）に入れる。ツナをのせ、マヨネーズをかける。
④トースターで10分焼き、乾燥パセリを飾る。

トースターでかんたんパン作り

栄養スコア
カロリー **142kcal** ※1個分

> ゼラチンも実はたんぱく質

2色カップゼリー

材料（1人分）

ぶどう100％ジュース	100ml
粉ゼラチン	小さじ2
オレンジ100％ジュース	100ml
砂糖	小さじ1と1/2
オレンジ	1/8個
キウイ	1/8個

作り方

① 鍋にぶどうジュースの半分を入れ中火にかけ煮立たせ、火を止め半量の粉ゼラチンを加え溶かす。
② ①に残りのぶどうジュースを入れ混ぜ、バットに流し冷蔵庫で冷やしてぶどうゼリーを作る。
③ オレンジジュースの半分、砂糖を入れ中火にかけ煮立たせ、火を止め残りの粉ゼラチンとオレンジジュースを加えオレンジゼリーも作る。
④ オレンジとキウイをいちょう切りにする。
⑤ ②、③をフォークなどでクラッシュし、層になるようにカップに盛る。オレンジ、キウイを飾る。

カロリー **141kcal**

白玉ずんだ餅

材料（1人分）

枝豆（さやから出したもの）	25g
砂糖	大さじ1
塩	少々
A 白玉粉	20g
きぬ豆腐	20g
砂糖	小さじ1/2

作り方

① 枝豆は柔らかくゆでて、うす皮を取り除き、よく水気をきる。
② ①と砂糖・塩をフードプロセッサーで攪拌して、ペースト状にする。
③ Aをよく混ぜ合わせ、4等分にして丸め、軽くつぶす。沸騰した湯に入れ、浮き上がってきたら冷水にとる。
④ 器に、②と③を盛る。

> スクール生徒に大人気！
> 米と豆で作る優秀おやつ

栄養スコア
カロリー **160kcal**

> 栄養たっぷりだから朝食にも！

フレンチトースト

材料（1人分）

食パン	1枚
卵	1個
牛乳	100ml
砂糖	大さじ1
バター	10g
バナナ	1/2本
冷凍ベリーミックス	40g
粉糖	適量

作り方

① 食パンを好きな大きさ、形に型抜きする。バナナを厚さ7mmの輪切りにする。
② ボウルに卵を割り入れ、牛乳・砂糖とよく混ぜ合わせ、食パンを2分浸し、裏返してまた2分置く。
③ フライパンにバターをひき中火にかけ、②を入れて両面を2分ずつ焼く。
④ 皿に③とバナナ、冷凍ベリーミックスを盛り付け粉糖をふる。

カロリー **446kcal**

5 日常のおやつ

スイートポテト

材料（1人分）

さつまいも		60g
A	砂糖	大さじ1/2
	卵黄	1/4個分
	生クリーム	大さじ1/2
クラッカー		2枚
卵白		適量

作り方

①さつまいもは皮をむき、ひと口大に切る。柔らかくなるまでゆで、水気をきる。
②①をボウルに入れ、マッシャーでつぶし、Aを加え、混ぜる。
③②をクラッカーの上にスプーンでのせ、形をととのえる。
④③に卵白を塗り、トースターで5分程度、色づくまで焼く。こげやすいので注意する。

お弁当にも！

栄養スコア
カロリー 199kcal

> 栄養スコア
> カロリー **228kcal**
> ※1人分

> ママにも大人気！ きな粉やすりごまを
> かけるとさらにカルシウム・鉄分アップ

いもけんぴ

材料（2人分）

さつまいも	100g
A 砂糖	大さじ1
水	大さじ1
きな粉	大さじ1
黒ごま	小さじ1
揚げ油	適量

作り方

① さつまいもは細切りにして水（分量外）にさらす。
② ①の水気をよく切り、180度の油でこんがり色がつくまで揚げる。
③ フライパンにAを入れ、火にかける。沸騰したら②を入れて全体にからめ、30秒ほどしたら火を止めカサカサになるまで2〜3分混ぜ続ける。
④ 半分に分け、それぞれ黒ごま、きな粉をまぶす。

5 日常のおやつ

体を作る　骨を強くする　パフォーマンスを上げる　疲労回復　エネルギー補給

フルーツビネガー

材料（作りやすい分量）

キウイ（小さめ）	1個（約50g）
酢	キウイと同量
氷砂糖	キウイと同量

〈用意する道具〉

保存ビン	1個

作り方

①保存ビンを煮沸消毒する。キウイを輪切りにする。
②①の保存ビンにキウイ・酢・氷砂糖を入れる。
③1週間ほど待って、できあがり。

お酢の力で疲労回復

栄養スコア
カロリー **47kcal**
※大さじ2杯分

すりおろしりんごのホットドリンク

> 夜遅い練習後の栄養補給にぴったり

材料（1人分）
りんご	1/2個
レモン汁	大さじ1/2
はちみつ	大さじ1/2
湯	80ml

作り方
① りんごの皮をむいてすりおろす。
② ①をカップに入れてレモン汁を加えて混ぜる。
③ はちみつ、湯を注いで混ぜる。

栄養スコア
カロリー **107kcal**

ヨーグルトドリンク

> 毎日摂りたいヨーグルトをドリンクで

材料（1人分）
ヨーグルト	大さじ2
牛乳	100ml
マンゴー（缶詰）	20g
はちみつ	小さじ1
レモン汁	2滴

作り方
① 材料をすべてミキサーにかける。

栄養スコア
カロリー **120kcal**

5 日常のおやつ

体を作る　骨を強くする　パフォーマンスを上げる　疲労回復　エネルギー補給

COLUMN 7
力になる応援と多様な選択肢の提案

　精神面でのサポートも大人の大切な役目だと考えています。

　1つ目は「声かけ」です。試合の前は私も迷うことがありますが、「頑張ってね」とか「応援に行くからね」というひと言が、プレッシャーになることもあります。そんなときの声かけは、「楽しんできてね」のほうがよさそうです。これは、子どもの発達過程について協会で勉強していたときに学びました。実際に、三男へは「見に行くね！」「頑張ってね」と声をかけても喜びますが、次男は「え、来るの？（プレッシャーだなあ）」という反応になってしまうので、「いってらっしゃい」とだけ伝えています。。

　観戦後にかける言葉にも、選んだほうがいいときがあります。とくに負け試合や思ったような結果が出なかった場合、ミスを指摘して子どもを落ち込ませたり、「頑張ったね」と励まして、かえって反発された経験が私もあります。

　まずは、本人も親もひと呼吸して落ち着いてから、話をするのが一番よさそうです。野球のケースでいうと、ボールが高く上がって、2人の守備の間にポトリと落ちてしまった、というプレーをときどき見かけます。外から見ていると「なんで声かけないの〜」とつい口に出てしまうことがあるかもしれません。ですが、少し時間を空けて、「あのとき何が起こっていたの？」と聞いてみると、「声は出していたんだけど、聞こえなかったみたい」とか「思ったより距離があって間に合わなかった」など、本人なりの反省が出てきます。そんなときは「次はどうすると防げるんだろう」と一緒に考えてみる言葉をかけてあげてください。素直に「次はもっと大きな声を出すわ」とか「●●くんと両方がOKと言った場合にどうするか話してみる」など、本人から次の行動が出てきやすくなります。

　実際の現場で子どもたちが見ている景色、感じていることは子どもにしかわからないということを念頭に、次の行動に意欲が湧くような言葉をかけてほしいです。

　2つ目のサポートは、子どもにいろいろな選択肢を提示するということです。

　たとえば、子どもの意志でやりたいスポーツを選び、どのチームに入るかを決めたとしても、実際に練習が始まってみると、「ちょっと違うな」と感じることがあるかもしれません。

　強いチームに入ったとしても、自分より上手な選手がたくさんいて、落ち込むことがあるかもしれません。もちろんそこで在籍し続けて努力するという方法もありますが、別のチームに移るという道もあります。始めたのだから最後まで頑張ってほしいと思う気持ちもわかりますが、スポーツを続けるという意味では、まだ継続しているし、前に進むために別の選択肢を提示したうえで、やめる・変更することはあってもいいかもしれません。

第 6 章

運動の合間の
エネルギー補給

栄養スコア
カロリー 380kcal

> おにぎりに飽きたときに
> 手軽に野菜の栄養が摂れる

野菜蒸しパン

材料 （8号カップ3個分）

ホットケーキミックス	50g
トマトジュース	25ml
卵	1/4個
サラダ油	大さじ1/2
チーズ	15g
ウインナー	1本

作り方

① チーズは1cm角に切る。ウインナーは5mm厚さの輪切りにする。
② ボウルにホットケーキミックスを入れ、泡立て器でダマがなくなるまで混ぜる。
③ 卵とサラダ油を加え軽く混ぜる。生地の状態を見ながらトマトジュースを少しずつ加え混ぜる。
④ ③をカップに3等分し入れる。①を軽く押し込みながらトッピングする。
⑤ 沸騰した蒸し器で8分蒸す。または600w電子レンジで1分蒸す。

鮭と青海苔のおにぎり

具はたんぱく質が最適
青海苔は鉄分が豊富！

材料（2個分）
鮭	1切れ	青海苔	小さじ1
下処理用の塩	ひとつまみ	ごはん	200g
酒	小さじ1	白すりごま	大さじ1
しょう油・みりん	各小さじ2		

作り方
① 鮭に塩をふり5分から10分置き、水気をていねいに拭きとる。
② フライパンに①を入れ、中火にかけ両面に焼き目をつけ、酒を入れ蒸し焼きにする。
③ ②に3分ほどしたらしょう油・みりんを入れほぐしながら炒め、皮や骨を取り除く。白すりごまを入れ全体を混ぜ合わせる。
④ ごはんに③の鮭フレーク、青海苔を入れ全体を混ぜ合わせる。2等分にし、軽く握る。

栄養スコア
カロリー 275kcal ※1個分

煮卵おにぎり

甘辛い味がごはんによく合う！

材料（作りやすい分量）
市販の煮卵（煮汁ごと）1個
茶めし
　米　　　　　2合
　水　　　　　2合メモリ分
　煮卵の煮汁　大さじ3～4

煮卵おにぎり2個分
　煮卵　1個
　海苔　1/4枚
　茶めし　200g

作り方
① 米を洗い煮卵の煮汁を入れ、水を2合メモリまで入れて炊く（茶めし）。
② 煮卵を半分に切り、半量の茶めしとともに握り、縦半分に切った海苔で巻く。

栄養スコア
カロリー 220kcal ※1個分

おかかチーズおにぎり

チーズ・かつお節で
ミネラルを追加

材料（2個分）
かつお節	2.5g	ごはん	200g
しょう油	小さじ1		
プロセスチーズ	30g		

作り方
① かつお節にしょう油を入れ混ぜる。プロセスチーズは5mm角に切る。
② ごはんに①のかつお節を入れ混ぜ合わせ、粗熱がとれたらプロセスチーズを入れ軽く混ぜ2等分にし握る。

栄養スコア
カロリー 226kcal ※1個分

わかめとしらすのおにぎり

わかめとしらすで
ミネラルアップ

材料（2個分）
乾燥わかめ　小さじ2
しらす　　　大さじ2
ごはん　　　200g

作り方
① ごはんに乾燥わかめ・しらすを入れ混ぜ合わせ、2等分にし握る。

栄養スコア
カロリー 177kcal ※1個分

---

6 運動の合間のエネルギー補給

体を作る　骨を強くする　パフォーマンスを上げる　疲労回復　エネルギー補給

卵ツナおにぎらず

材料(2個分)

ごはん	160g
海苔	1枚
おにぎりの具	
卵	1個
砂糖	小さじ1
塩	ひとつまみ
ツナ	1/2缶
マヨネーズ	小さじ1
サニーレタス	1〜2枚
スライスチーズ	1枚

作り方

① 卵は砂糖・塩と混ぜ、四角く焼く(レンジの場合600Wで30秒〜)。ツナはマヨネーズと混ぜ合わせる。サニーレタスはごはんにのる大きさにちぎる。

② ラップの上に海苔を置き、半量のごはんを四角くのせる。その上に具、さらに残りのごはんをのせる。

③ ②を左右上下からラップごと包む。ラップの上から半分に切る。

これ1つで栄養バランスがとれるのがおにぎらずのいいところ!

栄養スコア
カロリー 240kcal
※1個分

栄養スコア
カロリー **248kcal**
※1個分

> さばみそ缶を使って味付けの手間なし！

さばみそ卵おにぎらず

材料（2個分）

ごはん	160g
海苔	1枚

おにぎりの具

卵	1個
砂糖	小さじ1
塩	ひとつまみ
さばみそ煮缶	1/3缶
サニーレタス	1〜2枚

作り方

① 卵は砂糖・塩と混ぜ、四角く焼く（レンジの場合は600Wで30秒〜）。さばみそ煮は身を半分に分け、サニーレタスはごはんにのる大きさにちぎる。

② ラップの上に海苔を置き、ごはんの半量を四角くのせる。その上に①をのせ、さらに残りのごはんをのせる。

③ ②を左右上下からラップごと包む。ラップの上から半分に切る。

6 運動の合間のエネルギー補給

体を作る　骨を強くする　パフォーマンスを上げる　疲労回復　エネルギー補給

ポテトサンド

じゃがいもで糖質アップ

材料（2人分）

ロールパン	2個
じゃがいも	100g
きゅうり	20g
にんじん	20g
ハム	1枚
マヨネーズ	大さじ1
塩・こしょう	各少々
バター	適量

作り方

①じゃがいもは皮をむいて小さく切り、にんじんはいちょう切り、きゅうりは3mmの輪切り、ハムは短冊切りにする。
②①のじゃがいもとにんじんを柔らかくなるまでゆで、水気をきる。
③ボウルに②のじゃがいもを入れ、熱いうちにつぶす。きゅうり・にんじん・ハム・マヨネーズ・塩・こしょうを入れて混ぜる。
④パンに切り込みを入れ、バターを塗り、③をはさむ。

栄養スコア
カロリー 213kcal
※1個分

じゃこトースト

朝食にも！しらすはカルシウムが豊富

材料（1人分）

食パン（8枚切り）	1枚
A マヨネーズ	小さじ4
A しらす	30g
A 青海苔	小さじ1

作り方

①Aを混ぜて食パンに塗る。
②トースターで4分焼く。

栄養スコア
カロリー 273kcal

栄養スコア
カロリー **431kcal**

> 休日のおやつに出したら子どもが喜ぶ！
> 作り方は意外にかんたん！

月見バーガー

6 運動の合間のエネルギー補給

材料（1人分）

バーガーバンズ	1個
ベーコン（ハーフ）	2枚
チーズ	1枚
レタス	1/2枚
バター	適量
卵	1個
玉ねぎの輪切り（外側の部分、厚さ15mm）	1個
油	小さじ1
水	小さじ2

作り方

① レタスはバーガーバンズの大きさに合わせてちぎる。
② ベーコンは中火で焼く。
③ 卵は器に割る。フライパンに油をひき、玉ねぎの輪切りの外側を置き、中火にかける。温まったら玉ねぎの輪の中に卵を入れる。水を入れて中火で3〜4分蒸し焼きにする。
④ バーガーバンズにバターを塗り、チーズと①、②、③をはさむ。

体を作る　骨を強くする　パフォーマンスを上げる　疲労回復　エネルギー補給

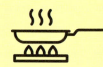

COLUMN 8
スポーツ食育は肩の力を抜き、コミュニケーション感覚で

　スポーツキッズ食育は、肩の力を抜き、楽しみながら食に取り組んでもらえれば大丈夫です。忙しい中、毎日食材のグラムをはかって、何品も品数を用意して、ということはなかなか難しいことです。具沢山のスープで野菜を補ったり、切って乗せるだけのメニューで1品追加をしたり、いつものメニューにちょい足し栄養をふりかけて、毎日のメニューをちょっとずつ強化してもらえれば大丈夫です！

　幼児・小学生の時期は、あれ食べなさい、これはダメ、といろいろ言われるよりも、家族と一緒に会話をしながら、楽しいな、美味しいなと思って食事の時間を過ごすことも、食育のうちです。親御さんたちも仕事で帰宅が遅くなり、1品しか作れなかったときや、中食に頼った日も、自己嫌悪せず、「今日のごはんには、あとどんな食べものがあれば、バランスがいいでしょう」とクイズをしてみてください。

　「青空キッチン」では3歳から料理にトライしてもらいます。「危ないのでは？」と聞かれることもありますが、年齢や発達に合わせた調理器具と作業内容を組み合わせ、できることから始めます。レッスンの初めには、危ないこと（包丁の使い方、鍋の熱いところなど）は毎回お話しし、みんなが約束を守って安全に作業ができる配慮をしています。私の3人の息子たちも小さい頃から「青空キッチン」に通っていました。メニューを見てあれが作りたい、これは楽しみだと、6年以上通いました。そのおかげで小学生の頃から抵抗なくキッチンに立ってくれます。

　私が仕事で遅くなるときは、白米を炊いておいてくれ、必要なときは、自分でおにぎりを握ったり、作れるものを作って食べ、それから夜の練習に出かけていきます。家にいるときは、即戦力です。「これみじん切りにしておいてね」「これ炒めてね」「サラダお願いね」とひと言で、さっとできるようになっているので、助かるし、何より親だけが頑張らなくてもいい状態になります。「●●くんの作ったおみそ汁、美味しいね！」「塩加減がちょうどいいね！」とたくさん褒めて、また次も作ってくれるように声をかけるのもお忘れなく。一緒にキッチンに立つことで、それが親子のコミュニケーションの時間になり、ますます食の楽しい思い出もできます。

　子どもも巻き込んで取り組むことで、主体性も身に付き、将来、大人になってから自分で料理も栄養管理もできるようになると思っています。そして、自分にも子どもができたときに、同じようにキッチンに一緒に立って、子どもたちのスポーツのサポートをしてくれる、そういう食育の連鎖が、気軽にできるといいなと願っています。

第 **7** 章

今後に向けた
食事

エネルギーバー

材料（4本分）

パンケーキミックス		70g
大豆粉		20g
A	はちみつ	15g
	白ごま	大さじ1
	牛乳	大さじ2
	溶かしバター	10g
	塩	ひとつまみ

作り方

① オーブンを170℃に余熱する。袋にパンケーキミックスと大豆粉を入れ、振る。
② ①にAを入れ、袋の上から混ぜる。
③ ひとまとめにし、4等分に切る。
④ オーブンで10分焼く。

補食にぴったり！
エネルギーバーだって手作りできる

栄養スコア
- ★★
- ★★★
- ★★
- ★
- ★

カロリー **271kcal**
※2本分

レバーが苦手な子もトライしてみて！

レバーからあげ

材料（2人分）

豚レバー		80g
塩		小さじ1/2
A	カレー粉	小さじ1/2
	片栗粉	大さじ1
揚げ油		大さじ2〜

作り方

① 豚レバーを牛乳（分量外）に浸し、臭みをとったあと、塩をふり下味をする。
② 袋にAと①を入れ、ふりながらまぶす。
③ フライパンに油をひき、カラッとするまで揚げ焼きにする。

レシピのヒント　ハツでもできる

カロリー **89kcal** ※1人分

砂肝炒め

材料 （2人分）

砂肝	100g
舞茸	50g
ブロッコリー	50g
粗塩	少々
こしょう	少々
ごま油	小さじ1/2
にんにく	1/2片

作り方

① にんにくはみじん切りにする。砂肝は半分に切り、白い膜の部分を軽く削ぎ落とす。
② ①をさらに3、4等分にスライスし、塩・こしょうをふる。
③ 舞茸はほぐし、ブロッコリーは小房に分け、レンジ600wで40秒加熱する。
④ ごま油でにんにくを炒め、香りが出たら砂肝を入れる。舞茸・ブロッコリーを入れ、炒める。

砂肝にも鉄分が豊富！カリコリな食感で

栄養スコア
- ★★★
-
- ★★★
- ★★★
-

カロリー **145kcal**

※1人分

鉄分が豊富な食材の組み合わせ

ブロッコリーとあさりのアヒージョ風炒め

材料（1人分）

ブロッコリー	40g
冷凍あさり	30g
にんにく	小さじ1/4
オリーブオイル	大さじ1
塩・こしょう	各ひとつまみ

作り方

① にんにくはみじん切りにする。ブロッコリーは小房に分け、600wのレンジで1分加熱する。
② にんにくをオリーブオイルで炒める。香りがしてきたら、冷凍あさりをそのまま入れ、解凍したらブロッコリーを入れ炒める。
③ 塩こしょうで味をととのえる。

栄養スコア
カロリー **138kcal**

献立のヒント：さばライスボウル（p22）、さばそぼろ丼（p24）

7 今後に向けた食事

体を作る　骨を強くする　パフォーマンスを上げる　疲労回復　エネルギー補給

納豆ガパオライス

納豆追加で栄養価アップ！

材料（1人分）

鶏むね肉	60g
ピーマン	1/2個
玉ねぎ	1/8個
赤パプリカ	1/6個
納豆	1パック
ナンプラー・オイスターソース	各小さじ1
輪切り唐辛子	お好み
乾燥バジル	小さじ1/2
目玉焼き	1枚
ごはん	200g

作り方

① 鶏むね肉を1cm角の粗みじん切りにする。ピーマン・パプリカ・玉ねぎを7mm幅のくし形切りにする。
② ①を炒め鶏肉の表面の色が変わったら塩（分量外）をふる。ナンプラー・オイスターソース・輪切り唐辛子を入れ、鶏肉に火が入るまで炒める。バジルをふる。
③ 皿にごはんと②を盛り、上に目玉焼きをのせる。

栄養スコア
- ★★★
- ★★
- ★★★
- ★★★
- ★★★

カロリー **677kcal**

納豆パスタ

納豆との組み合わせで鉄分も強化

材料（1人分）

納豆	1パック
鶏むね肉	80g
片栗粉・水	各小さじ1
小松菜	1枚
しょう油	小さじ1
オリーブオイル	大さじ1/2
スパゲティ	100g
コンソメスープ	50ml
塩（スパゲティゆで用）	水の1%

作り方

① 鍋にスパゲティ用の湯を沸かし塩を入れ、袋の表示時間どおりにゆでる。
② ゆでている間に、鶏むね肉を削ぎ切りにし、片栗粉・水を揉み込む。小松菜を2cm長さに切る。
③ フライパンにオリーブオイルを入れ、鶏むね肉を色が変わるまでさっと焼く。
④ ③にゆで上がったスパゲティ・コンソメスープ・小松菜・納豆・しょう油を入れ、中火で混ぜ合わせる。

栄養スコア
- ★★★
- ★
- ★★★
- ★★
- ★★

カロリー **647kcal**

おわりに

　本書を最後までお読みいただき、ありがとうございます。

　少しでもスポーツキッズの食育に興味をもっていただけたら幸いです。

　私たちが目指している食育は、特別なスキルや計算が必要な料理というわけではありません。プロテインも、ミネラルも、エネルギーも、日々の食事を少し工夫することで十分摂れるので、多くの親御さんたち、子どものスポーツに関わるコーチ、監督、大人のみなさんに、スポーツキッズ向けの食事の工夫や、成長期の体のこと（スポーツキッズ食育）を知っていただき、子どもたちにも、食の大切さを伝え続けていってほしいです。

　チーム全体で取り組んでいただければ、子どもの体をつくることで、パフォーマンスの向上につながり、強くなります。そしてその先の、中高生・大学生・そしてプロになっても活躍できると信じています。

　これからまだまだ成長していく子どもたちなので、その場そのときの結果や感情だけでなく、長い目での子どもの成長を見守っていただければと思います。

　子どもたちは大きくなるにつれて、子どもなりの考えや目標ももつようになります。一方で、やりたいことと実際にできることのギャップがあり、本人たちも戸惑っていることもあります。まだま

だ大人のサポートを必要としていますので、食育だけでなく、子どもの発達段階や、子どもの心理にも興味をもっていただき、彼らに温かい声をかけてもらえたら幸いです。もし、この先スポーツを本格的にやらないとしても、スポーツ食育を実践していれば健康な体が手に入っていることはまちがいなしです。

　日本キッズ食育協会では、今後も「スポーツキッズの食育セミナー」【食習慣編・成長期編・メンタルサポート編・好き嫌いサポート編】などを開催していきます。チーム単位でご連絡いただきましたら、私たち講師がチームまで出張、またはオンラインでセミナーを開催しますので、ぜひ機会がありましたらお声がけください。

　本書の出版に際して、当協会のスポーツキッズ食育全体を監修してくれている羽山涼子先生、久留裕美子先生、普段から細かい私の疑問に答えてくれ、ありがとうございます。編集部のみなさんとのやりとりをサポートしてくれた柳沢祐佳さん、いつも美味しいレシピを作ってくれる爲我井あゆみさん、制作期間中、普段の業務をサポートしてくれた本部のみなさん、ありがとうございました！　現代書林のみなさま、お世話になりました。

　この場を借りて感謝申し上げます。

2024年10月
一般社団法人日本キッズ食育協会　代表理事
榊原理加

「スポーツキッズ食育」について もっと知りたい方へ

日本キッズ食育協会では、「スポーツキッズ食育」をテーマとしてセミナーを開催しています

スポーツキッズのための食育セミナー

- 子どもにも理解できるスポーツ食育とはどんなもの?
- 子どもにスポーツ栄養はどこまで必要?
- 身に付けておきたい食習慣は?
- おやつはどんなものを食べるといい?

そんな疑問が解決できます!

対象の方
- スポーツをがんばっているお子さんを食で応援したい方
- お子さんにも食の大切さをわかってもらいたい方
- 練習前後の食べるもの・好き嫌いなど困りごとを解決したい方

食習慣セミナー
- お子さんの現状チェック(食習慣・成長)
- スポーツキッズの日常食について身に付けるとよい食習慣
- 食以外でスポーツキッズにできるサポート

成長期セミナー
- 思春期・成長期について知る
- 成長期に気を付けたい食事
- プロテイン等について、成長期の運動のポイント etc

メンタルサポートセミナー
- 子どもについて知る
- 子どもとのコミュニケーション
- やる気アップの魔法8種
- 諦めない心、継続する心を身につける etc

好き嫌いサポートセミナー
- 子どもの好き嫌いについて
- 好き嫌いの仕組み
- 苦手食材・スポーツキッズが摂りたい食材と調理の工夫 etc

青空キッチンスクール一覧の紹介

食育スクールに興味がある方は右記サイトもチェックしてみてください

栄養スコアについて

　この本に記載されているメニューのエネルギー量および栄養成分値については、「日本食品標準成分表2015年版（七訂）」を用いて算出しています。「日本食品標準成分表2020年版（八訂）」がすでに出版されていますが、栄養スコア表示の参考に用いている「厚生労働省 日本人の食事摂取基準（2020年版）」は「日本食品標準成分表2015年版（七訂）」のたんぱく質、脂質、炭水化物に沿って策定されているため、七訂の値を用いています。

◆**1章／3章の朝ごはん・弁当／7章**　1食あたりの栄養成分値が「厚生労働省 日本人の食事摂取基準（2020年版）10～11歳の1日の推奨量（小学校高学年相当）／男性・女性で異なる場合は多いほうの値）の1/3に0.8を乗じた値」を満たすものを★★★としています。1日3食に加えて補食（お菓子ではない間食）を摂ることで、1日分のエネルギーおよび栄養素を摂取する想定としています。

　エネルギー補給（⚡）については、炊き上がったごはん「水稲めし 精白米 うるち米 200g相当の炭水化物」が含まれるものを★★★とし、★★★の基準値の50％を満たすものに★★、25％を満たすものに★をつけています。

　ビタミン類については、「文部科学省 学校給食実施基準 学校給食摂取基準」に設定されているビタミンA、ビタミンB₁、ビタミンB₂、ビタミンCについて、上記の目標量と照らし合わせ、★★★が2項目以上、かつすべての項目において★以上である場合に★★★、★★が2項目以上なら★★、★が2項目以上なら★としています。ただし、★★★が2項目以上でも★なしの項目がある場合は★★、★★★が1項目あるが他の項目は★なしの場合は★とするなど、総合的に判断して★の数を決定しています。

　★が少ない項目があるメニューは、その項目のマークがついたメニューを組み合わせて、足りない栄養素を補うイメージでご活用ください。

◆**その他の章**　エネルギー補給（⚡）については、炊き上がったごはん「水稲めし 精白米 うるち米 100g相当の炭水化物」を基準とし、それ以外の項目は「消費者庁 栄養強調表示の基準値のうち、強化された旨の表示ができる値の1/2」を基準とし、それを超えるものおよび近いものについて、マークに色をつけています。1食あたりおよび100gあたりの栄養成分値と比較して総合的に判断し、表示しています。

　レシピの分量が「1人分」のメニューは記載どおりの量、「2人分」のメニューは半量で栄養計算し、その結果をもとに評価しています。

　レシピと異なる量での評価となっているメニューや、栄養計算上の注意点などは、下記の「特記事項」をご参照ください。

◆**特記事項**

1章
- ●P27　手作りスープの白菜ラーメン／みそラーメン
　中華めん1玉110gとして計算
- ●P30　カップで松風焼き
　2個分にて評価（レシピ記載の半量）
- ●P33　肉みそうどん／P35　焼きうどん
　ゆでうどん1玉200gとして計算
- ●P34　冷やし中華
　中華めん1玉110gとして計算

2章
- ●P42　納豆ちくわ揚げ

　吸油率5％にて計算
- ●P43　納豆ドレッシング
　100gあたりのエネルギー量（kcal）および栄養成分値にて評価
- ●P45　ふりかけ
　レシピ記載の半量にて評価

3章
- ●P48　和食朝ごはん
　ごはん（200g）
　ハムエッグ（卵1個、ハム1枚）
　小松菜とトマトのみそ汁（P62 トマトと小松菜の卵とじみそ汁から卵を除いたもの）
　フルーツヨーグルト（オレンジ1/6個、キウイ1/2個、ヨーグルト30g）
- ●P49　パン朝ごはん
　ロールサンド
　（ロールパン3個、ウインナー3本、卵1個、トマト30g、サラダ菜10g、ケチャップ15g）
　フルーツ（オレンジ1/6個、キウイ1/2個）
- ●P50　ジャム4種
　100gあたりのエネルギー量（kcal）および栄養成分値にて評価
- ●P53　しょうが焼き弁当
　ごはん（200g）
　豚のしょうが焼き（P23記載の半量）
　にんじんのひらひらサラダ（P44記載の半量）
　ちくわのかんたん磯辺焼き（P55記載の半量）
　ゆで卵（卵1/2個）
- ●P54　オムライス弁当
　炊き込みオムライス（P55 鶏肉・卵はレシピ記載量、混ぜごはんは250gにて評価）
　にんじんグラッセ（P55記載の半量）
　ブロッコリー（40g）
　さつまいもと大豆のポタージュ（P58記載の半量）
- ●P55　にんじんグラッセ
　100gあたりのエネルギー量（kcal）および栄養成分値にて評価

5章
- ●P66　米粉ドーナツ
　ココア味・きな粉味各2個、計4個分として評価
　（レシピ記載の1/3の量）
- ●P68　ツナマヨパン
　1個分にて評価
- ●P74　フルーツビネガー
　薄めて飲むメニューのため、1食大さじ2程度として評価

6章
- ●P79　おにぎり4種／P80・81　おにぎらず2種
　それぞれ1個分にて評価（レシピ記載の半量）
- ●P82　ポテトサンド
　1個分にて評価（レシピ記載の半量）
- ●P82　じゃこトースト
　食パンは8枚切り1枚として計算

7章
- ●P86　エネルギーバー
　2本分にて評価（レシピ記載の半量）
- ●P87　レバーからあげ
　吸油率5％にて計算

主要素材で探すメニューリスト

野菜

● 枝豆
白玉ずんだ餅 ———————— 70

● かぼちゃ
タラと野菜のカレースープ ——— 60

● カリフラワー
温野菜サラダ ———————— 44

● きゅうり
バンバンジーサラダ —————— 17
ちらし寿司 ————————— 19
冷やし中華（しょう油ダレ・ごまダレ）
———————————————— 34
ガスパチョ風スープ —————— 59
ポテトサンド ———————— 82

● 小松菜
鶏のおろし煮 ———————— 14
小松菜バナナスムージー ———— 51
トマトと小松菜の卵とじみそ汁 — 62

● さつまいも
さつまいもと大豆のポタージュ — 58
豚汁 ——————————— 62
スイートポテト ———————— 72
いもけんぴ ————————— 73

● じゃがいも
野菜のポトフ ———————— 20
ミネストローネ ———————— 28
コーンチャウダー ——————— 61
トマトクリームスープ —————— 63
ポテトサンド ———————— 82

● 大根
鶏のおろし煮 ———————— 14
厚揚げ焼き ————————— 40

● 玉ねぎ
鮭のちゃんちゃん焼き ————— 13
ごちそうシーフードピラフ ——— 15
野菜のポトフ ———————— 20
さばライスボウル ——————— 22
豚のしょうが焼き ——————— 23
ミネストローネ ———————— 28
親子丼 ——————————— 29
肉みそうどん ———————— 33
厚揚げチリマヨ ———————— 38
トマトしらす ————————— 40
炊き込みオムライス —————— 55
さつまいもと大豆のポタージュ — 58
トマトクリームスープ —————— 63
月見バーガー ———————— 83
納豆ガパオライス ——————— 90

● チンゲンサイ
さばそぼろ丼 ———————— 24

● トマト
さばライスボウル（トマト缶）—— 22
ミネストローネ ———————— 28
冷やし中華（しょう油ダレ・ごまダレ）
———————————————— 34
トマトしらす ————————— 40
ふりかけ —————————— 45
ガスパチョ風スープ —————— 59
トマトと小松菜の卵とじみそ汁 — 62
トマトクリームスープ —————— 63
野菜蒸しパン（トマトジュース）— 78

● ニラ
あさりチーズチヂミ —————— 25

● ねぎ（小ねぎ・長ねぎ）
あさりチーズチヂミ —————— 25
カップで松風焼き ——————— 30
きつねそば ————————— 33
肉みそ ——————————— 38
豚バラねぎ ————————— 39
メカジキ納豆みそ焼き —————— 41
納豆腐グラタン ———————— 41
油揚げピザ ————————— 42

● にんじん
鮭のちゃんちゃん焼き ————— 13
鶏のおろし煮 ———————— 14
ごちそうシーフードピラフ ——— 15
バンバンジーサラダ —————— 17
クリームパスタ ———————— 18
野菜のポトフ ———————— 20
さばライスボウル ——————— 22
ビビンバ丼 ————————— 22
あさりチーズチヂミ —————— 25
みそラーメン ———————— 27
ミネストローネ ———————— 28
ひじきの炊き込みごはん ———— 30
カップで松風焼き ——————— 30
焼うどん —————————— 35
納豆ドレッシング ——————— 43
温野菜サラダ ———————— 44
にんじんのひらひらサラダ ——— 44
にんじんグラッセ ——————— 55
豚汁 ——————————— 62
トマトクリームスープ —————— 63
ポテトサンド ———————— 82

● 白菜
手作りスープの白菜ラーメン —— 27

● パプリカ
ガパオライス ———————— 12
チンジャオロース ——————— 21
夏野菜カレー ———————— 32
ガスパチョ風スープ —————— 59
納豆ガパオライス ——————— 90

● ピーマン
鮭のちゃんちゃん焼き ————— 13
チンジャオロース ——————— 21
厚揚げチリマヨ ———————— 38
炊き込みオムライス —————— 55
納豆ガパオライス ——————— 90

● ブロッコリー
野菜のポトフ ———————— 20
ミネストローネ ———————— 28
トマトクリームスープ —————— 63
砂肝炒め —————————— 88
ブロッコリーとあさりのアヒージョ風炒
め ————————————— 89

● ほうれん草
さばライスボウル ——————— 22
コーンチャウダー ——————— 61

肉

● 鶏ひき肉
ガパオライス ———————— 12
カップで松風焼き ——————— 30
肉みそ ——————————— 38

● 鶏もも肉
鶏のおろし煮 ———————— 14
野菜のポトフ ———————— 20
ミネストローネ ———————— 28
親子丼 ——————————— 29
炊き込みオムライス —————— 55
トマトクリームスープ —————— 63

● 鶏むね肉
サラダチキン ———————— 16
納豆ガパオライス ——————— 90
納豆パスタ ————————— 90

● ささみ
バンバンジーサラダ —————— 17
よだれどり ————————— 17

● 砂肝
砂肝炒め —————————— 88

● 豚肉
手作りチャーシュー（とんかつ用）— 26
豚のしょうが焼き（豚ロース）—— 23
ムースールー（キクラゲと卵の炒めもの）
———————————————— 31
焼うどん —————————— 35
豚バラねぎ（豚バラ）—————— 39
豚汁 ——————————— 62
レバーからあげ（豚レバー）——— 87

● 豚ひき肉
みそラーメン ———————— 27
夏野菜カレー ———————— 32
肉みそうどん ———————— 33

94

● **牛肉**
チンジャオロース（牛カルビ） ——— 21
ビビンパ丼 ——— 22

魚介類

● **鮭**
鮭のちゃんちゃん焼き ——— 13
ちらし寿司 ——— 19
鮭と青海苔のおにぎり ——— 79

● **さば水煮缶**
さばライスボウル ——— 22
さばそぼろ丼 ——— 24
ふりかけ ——— 45

● **さばみそ煮缶**
さばみそ卵おにぎらず ——— 81

● **タラ**
タラと野菜のカレースープ ——— 60

● **ぶり**
ぶりの照り焼き ——— 28

● **メカジキ**
メカジキ納豆みそ焼き ——— 41

● **しらす**
トマトしらす ——— 40
わかめとしらすのおにぎり ——— 79
じゃこトースト ——— 82

● **冷凍シーフードミックス・冷凍あさり**
ごちそうシーフードピラフ ——— 15
あさりチーズチヂミ ——— 25
コーンチャウダー ——— 61
ブロッコリーとあさりのアヒージョ風炒め ——— 89

卵

ちらし寿司 ——— 19
ビビンパ丼 ——— 22
親子丼 ——— 29
カップで松風焼き ——— 30
ムースールー（キクラゲと卵の炒めもの）— 31
肉みそうどん ——— 33
冷やし中華（しょう油ダレ・ごまダレ）— 34
納豆腐グラタン ——— 41
納豆と長芋の磯辺揚げ ——— 43
温野菜サラダ ——— 44
和食朝ごはん ——— 48
炊き込みオムライス ——— 55
コーンチャウダー ——— 61
トマトと小松菜の卵とじみそ汁 ——— 62
米粉ドーナツ ——— 66
ツナマヨパン ——— 68
フレンチトースト ——— 71
スイートポテト ——— 72
野菜蒸しパン ——— 78
煮卵おにぎり ——— 79

卵ツナおにぎらず ——— 80
さばみそ卵おにぎらず ——— 81
月見バーガー ——— 83

牛乳・乳製品

● **牛乳**
クリームパスタ ——— 18
ブルーベリースムージー ——— 51
小松菜バナナスムージー ——— 51
さつまいもと大豆のポタージュ ——— 58
コーンチャウダー ——— 61
トマトクリームスープ ——— 63
米粉ドーナツ ——— 66
フレンチトースト ——— 71
ヨーグルトドリンク ——— 75
エネルギーバー ——— 86

● **チーズ**
あさりチーズチヂミ ——— 25
油揚げピザ ——— 42
野菜蒸しパン ——— 78
卵ツナおにぎらず ——— 80
月見バーガー ——— 83

豆腐・納豆・大豆

● **豆腐**
くずし豆腐 ——— 39
納豆腐グラタン ——— 41
米粉ドーナツ（絹ごし） ——— 66
白玉ずんだ餅（絹ごし） ——— 70

● **厚揚げ**
焼うどん ——— 35
厚揚げチリマヨ ——— 38
厚揚げ焼き ——— 40

● **油揚げ**
ひじきの炊き込みごはん ——— 30
きつねそば ——— 33
油揚げピザ ——— 42
切り干し大根とキクラゲの炒め煮 — 45

● **納豆**
メカジキ納豆みそ焼き ——— 41
納豆腐グラタン ——— 41
納豆ちくわ揚げ ——— 42
納豆と長芋の磯辺揚げ ——— 43
納豆ドレッシング ——— 43
納豆ガパオライス ——— 90
納豆パスタ ——— 90

● **大豆**
さつまいもと大豆のポタージュ ——— 58
エネルギーバー（大豆粉） ——— 86

米・ごはん・麺・パン

● **米・ごはん**
ガパオライス ——— 12

ごちそうシーフードピラフ ——— 15
ちらし寿司 ——— 19
さばライスボウル ——— 22
ビビンパ丼 ——— 22
さばそぼろ丼 ——— 24
親子丼 ——— 29
ひじきの炊き込みごはん ——— 30
夏野菜カレー ——— 32
和食朝ごはん ——— 48
炊き込みオムライス ——— 55
鮭と青海苔のおにぎり ——— 79
煮卵おにぎり ——— 79
おかかチーズおにぎり ——— 79
わかめとしらすのおにぎり ——— 79
卵ツナおにぎらず ——— 80
さばみそ卵おにぎらず ——— 81
納豆ガパオライス ——— 90

● **麺**
クリームパスタ ——— 18
手作りスープの白菜ラーメン ——— 27
みそラーメン ——— 27
肉みそうどん ——— 33
きつねそば ——— 33
冷やし中華（しょう油ダレ・ごまダレ）
——— 34
焼うどん ——— 35
納豆パスタ ——— 90

● **パン**
パン朝ごはん ——— 49
フレンチトースト ——— 71
ポテトサンド ——— 82
じゃこトースト ——— 82
月見バーガー ——— 83

加工品

● **ハム**
冷やし中華（しょう油ダレ・ごまダレ）
——— 34
和食朝ごはん ——— 48
ポテトサンド ——— 82

● **ベーコン**
クリームパスタ ——— 18
月見バーガー ——— 83

その他

● **乾燥キクラゲ・切り干し大根**
ムースールー（キクラゲと卵の炒めもの） — 31
切り干し大根とキクラゲの炒め煮
——— 45

● **ホットケーキ・パンケーキミックスなど**
米粉ドーナツ ——— 66
ツナマヨパン ——— 68
野菜蒸しパン ——— 78
エネルギーバー ——— 86

【文】**榊原理加**（さかきばら・りか）

青空キッチン代表、一般社団法人日本キッズ食育協会代表理事。フードビジネスプロデューサー。大手料理教室運営会社入社後、店舗・生徒拡大のためのマネジメントを約10年経験。2011年独立後、人気料理教室のマネジメントと人気講師育成経験を活かし、講座・セミナーを展開。2014年6月、3歳～小学生のための食育スクール「青空キッチン」をオープン。2015年、協会設立、キッズ食育トレーナー養成講座の開催、青空キッチンの全国展開開始。2022年、スポーツキッズ食育の推奨活動も開始。

【監修】**羽山涼子**（はやま・りょうこ）

医師・キッズ食育マスタートレーナー・元日本バスケットボール協会公認審判員。2006年医師免許取得。医師として働きながら、日本バスケットボール協会公認審判員として競技に携わる。現在はクリニックを開業し、地域かかりつけ医として従事しつつ、並行して子どものための食育スクール「青空キッチン京都仁和寺スクール」を運営。関西地区の子どもの食育普及活動に尽力している。

Staff

文	● 榊原理加
料理・レシピ	● 青空キッチン、爲我井あゆみ、榊原理加
スタイリング	● 爲我井あゆみ
撮影	● 高野和希
栄養監修・スコア	● 久留裕美子
栄養計算	● 菅野礼・諏訪朋子
料理アシスタント	● 菅野礼・河合優子・柳澤祐佳・近藤文乃
ディレクション	● 柳澤祐佳
協力	● 羽山涼子（コラム3執筆）
ブックデザイン	● 須貝美咲（sukai）
料理監修	● 爲我井あゆみ （日本キッズ食育協会チーフトレーナー）

幼稚園教諭を経て、青空キッチン独自の「食育ドリル」・レシピ開発・保育カリキュラムを担当。キッズ食育トレーナー養成講座講師、保育園での出張食育レッスンやイベント登壇、コラム執筆などを行う。保育士、認定ベビーシッター、フードコーディネーター、調理師の資格を持つ。

「スポーツキッズ食育®」は日本キッズ食育協会の商標登録です。

**スポーツキッズのための
強い体をつくる食育レシピ**

2024年11月29日　初版第1刷

著　者　　一般社団法人日本キッズ食育協会
発行者　　松島一樹
発行所　　現代書林
　　　　　〒162-0053　東京都新宿区原町3-61　桂ビル
　　　　　TEL／代表　03（3205）8384
　　　　　振替00140-7-42905
　　　　　http://www.gendaishorin.co.jp/
印刷・製本　（株）シナノパブリッシングプレス

定価はカバーに表示してあります。
乱丁・落丁本はお取り替えいたします。

本書の無断複写は著作権法上での特例を除き禁じられています。
購入者以外の第三者による本書のいかなる電子複製も一切認められておりません。
ISBN978-4-7745-2017-9 C2077